シードブック
保育内容 表現
第3版

入江礼子・榎沢良彦　編著

岩田遵子・上坂元絵里・古賀松香・白井多実
嶺村法子・安村清美　共著

建帛社
KENPAKUSHA

はしがき

SEED

　日本の幼稚園教育および保育は子どもを一人の主体として尊重し，子ども自身が内面から成長し発達していくことを重視する方向へと発展してきた。その表れが，現在の保育内容の考え方である。保育内容の「領域」は一言で言えば，主体としての子どもがどのように発達していくのかを踏まえ，子どもの内面性の育ちに配慮したものである。それは子どもの発達の基礎をなすものである。

　また，保育内容は教育方法および保育方法と緊密な関係にある。乳幼児期の子どもたちにふさわしい教育方法および保育方法は，乳幼児期の子どもたちの学び方および発達の仕方に合ったものでなければならない。日本の幼稚園教育および保育は，そのような方法を探究してきた。保育内容は，乳幼児期の子どもたちに合った方法と一体となることにより，初めて十分に実を結ぶのである。それゆえ，私たちは発達の基礎としての保育内容について理解を深めると共に，それをどのように実践に具体化し，子どもたちに経験させるのか，その方法についても学ばなければならないのである。

　以上のような子どもを主体として考えることを，実践において実現することは難しいことである。学生のみなさんの多くは，子どもたちを楽しませることや，子どもたちを遊ばせることに懸命になる。その結果，いつの間にか子どもの視点を見失い，子どもの内面に目を向けることを忘れてしまうのである。そこで，「シードブック」5領域の教科書では，学生のみなさんが，主体としての子どもの視点から保育内容を理解できるように，特に以下の点に配慮して編集した。

　第一は，保育内容を「子ども自身が学ぶ」という視点で捉えることである。第二に，できるだけ子どもの経験が見えるようにすることである。そして，第三に，同じく子どもの視点から援助のあり方についても捉えることである。章

により配慮の程度に違いはあるものの，基本的に各執筆者は以上の点を意識して執筆した。

2017年3月に「幼稚園教育要領」「保育所保育指針」「幼保連携型認定こども園教育・保育要領」が改訂・改定された。それに伴い，本書も改訂を行い「第3版」とした。改訂に当たっては以下のことに配慮した。

一つは，幼稚園・保育所・幼保連携型認定こども園における保育内容の整合性を十分に踏まえて，幼稚園教育要領等の改訂・改定の趣旨および変更点について正確に理解できるようにすることである。今回の幼稚園教育要領等の改訂・改定では，幼稚園・保育所・幼保連携型認定こども園に共通する点として「発達を支援するという教育」の面が明瞭にされた。三つの機関・施設は乳幼児期を通じて，子どもを教育することを共通の目的としており，その成果は小学校へと連続していくことがより明確にされた。そのことを本書の中に反映するように配慮した。もう一つは，新しい情報や知見を盛り込むことである。幼稚園教育要領と保育所保育指針は9年ぶりの改訂・改定である。その間に様々な調査がなされている。そこで，保育内容の理解を深めるために必要なかぎり，新しい情報や知見を盛り込むことにした。章により，修正の必要度合いは異なるが，各執筆者は以上の点を意識して，適宜修正した。

最後に，本シリーズが，保育者を志す学生のみなさんが子どもの視点に立った保育内容と援助のあり方について理解を深めるための一助となることを，切に願うしだいである。

2018年6月

編　　者

も く じ

序章　子どもの表現を考える …………………………………………… *1*
　1．乳幼児期の子どもの「表現」を理解するために ……………………… *2*
　2．子どもの「表現」を支える ……………………………………………… *5*

第1章　領域「表現」…………………………………………………… *8*
　1．幼児教育の新たな枠組み ………………………………………………… *8*
　2．領域「表現」において育むもの ………………………………………… *11*

第2章　子どもの育ちと表現 ……………………………………… *15*
　1．表現の育ちとは …………………………………………………………… *16*
　2．子どもの育ちと表現技能 ………………………………………………… *24*
　3．表現の育ちを促すもの …………………………………………………… *28*

第3章　子どもの豊かな表現を引き出す保育者の役割 ………… *34*
　1．豊かな環境をつくる ……………………………………………………… *34*
　2．子どもの心身を解放する ………………………………………………… *37*
　3．子どもの表現を受け止める ……………………………………………… *39*
　4．子どもの表現を共有する ………………………………………………… *42*
　5．子どもの表現を理解する ………………………………………………… *45*
　6．保育者自身の表現性 ……………………………………………………… *48*

第4章　生活の中の表現 …………………………………………… *52*
　1．乳幼児期の表現を育てるとは …………………………………………… *52*
　2．子どもの行動を表現と捉える …………………………………………… *56*
　3．子どものひろがりと表現のひろがり …………………………………… *67*

4．重要な体験を表現する …………………………………………………73

第5章　保育の中の表現活動（1）
－造形活動を中心とする表現活動から－ ………………………81
1．造形活動を生み出すために …………………………………………81
2．のびのびと表現できるように ………………………………………89
3．保育室を心地よい生活の場にするために …………………………102

第6章　保育の中の表現活動（2）
－音楽・身体表現を中心とする表現活動から－ ……………106
1．音楽的表現の意義 ……………………………………………………107
2．他者とのかかわりの中での音楽的表現 ……………………………120

第7章　保育の中の表現活動（3）　－総合的な表現活動から－ ………132
1．もの・友達とつながる ………………………………………………133
2．もの・場・人とのかかわりを広げて ………………………………137
3．協同して表現活動を作りあげる ……………………………………143
4．豊かな表現活動のために ……………………………………………151

第8章　表現活動を支える素材の探究 …………………………………154
1．素材によってひらかれる ……………………………………………154
2．身近な素材 ……………………………………………………………155
3．体感する自然－自然を素材とする …………………………………165
4．人工的なものとのかかわり …………………………………………167
5．電化製品，電子機器，家具などとのかかわり ……………………170
6．素材にかかわるためのもの，道具・工具 …………………………172

さくいん ……………………………………………………………………176

序 章
子どもの表現を考える

　「一日の保育が終わったあとに，その日の保育を考えることは一冊の本を読み解くことに等しい」

　これは筆者にとっては忘れることのできない大学時代の恩師の言葉である[1]。「一冊の本」を読み解くとは，その日の保育を振り返ることであり，さらにその意味を問うことである。例えば「Aちゃんはあのとき，砂をすごい勢いで掘っていた。私はそのとき隣にいるBちゃんに引っかからないかどうかばかりを心配して『Aちゃん，Bちゃんに砂がかからないようにね』と言ってしまったが，Aちゃんがどんな気持ちであんなにすごい勢いで砂を掘っていたのか，その気持ちまで考えていなかったな。Aちゃんはあの時何を思っていたのだろう。何を言いたかったのだろう」と，いろいろと考えを巡らすことである。あのとき子どもが身体で表現していたことは何なのか，またその意味をしっかり受け止めることができていたか否か，そんなことを保育が終わってからもう一度しっかりと考えるのである。

　このことのなかには二つの大切なことがある。一つ目は津守のいう「われわれが知覚する子どもの行動は，子どもが心に感じている世界の表現である」[2]ことを認識することであり，二つ目はそれをもとに子どもとていねいにかかわっていこうという意思をもつことである。

　本書では保育のこの基本を心に留めながら，以下を読み進んでいただければと思う。

1．乳幼児期の子どもの「表現」を理解するために

　「私たちの知覚する子どもの行動は，子どもが心に感じている世界の表現である」[3]と考え，その受け手である大人はそれをていねいに受け取り，少しでも理解する努力が大切であるが，ここでは三つの事例からもう少し具体的に考えていくことにしたい。

（1）身体表現を理解する —— 発達理解の重要性 ——

　「私たちの知覚する子どもの行動は，子どもが心に感じている世界の表現であり」「それをもとに子どもとていねいにかかわる意思をもつこと」が大切であると述べたが，言葉という大人の世界では主流である表現方法をもたない赤ちゃんとかかわる場合，この二つがうまく機能しないと，時に赤ちゃん自身の生存にもかかわることにもなる。

　ここでは生後1か月の赤ちゃんが泣いたことを想定してみよう。まだ首も据わらず，自分の身体を自由意思で動かすことのできない赤ちゃんの最大の表現は「泣く」ことである。この赤ちゃんの泣きに出会ったとき，皆さんはどんなことを考え，実行するだろうか。「オムツかな」「お腹が空いたのかな」「寝ていることに飽きてあやしてほしいのかな」この三つを即座に想像できるだろうか。

　子育ての経験のある人，あるいは身近に赤ちゃんがいる環境で育った人は容易にこの三つを考え，それぞれ赤ちゃんの苦痛（泣き）が軽減するように動くことができるだろう。しかし筆者が「乳児保育」の講義の際に学生に聞いたときの経験では，この三つを即座に答えられる学生はそう多くはなかった。

　そのときの答えの多くは「あやす」ことであった。空腹を確かめることも，おむつを換えることもせずに，まずは「あやす」。これは学生の多くが赤ちゃんが「かわいい」「純真無垢」「天使のよう」というイメージをもっていることと無関係ではない。このことに比して「泣き」,「排泄する」という赤ちゃんが生きていくうえで欠くことのできない生理的な要素はなかなか想像しにくいも

のであるようだ。

　赤ちゃんを身近に感じるチャンスの少なかった人は，いくら子どもの行動を心の表現として理解し，それにていねいにかかわろうとする意思をもっていたとしても，「赤ちゃんの発達」をある程度理解してないと，赤ちゃんが人を信頼する基礎になる「かかわり」を築くことが難しいともいえる。

（2）描画表現を理解する

　「子どもたちはいたるところに自分の抜け殻を捨てていく。それを拾った大人は深い感動と共に今は過ぎ去っていった子どもたちの一つひとつの表現に目をみはるのだ」[4]。これは筆者がまだ駆け出しの保育者だった頃，担任した5歳児のクラスでA子さんの描画を保育後にもう一度，じっくり見ていたときに浮かんだ言葉である。保育者としての1年目の4月。年度初めの緊張は子どもたちにも筆者にもあった。筆者は本当に子どもたちが心開いてくれるのだろうかと不安に思いながら日々を送っていた。そんな4月のはじめのある日，A子さんはためらいがちに1枚の（といっても5枚も大小の画用紙が貼られている）絵を筆者に渡した。「そっと，あけてもいい？」と聞くとA子さんは「うん」と言った。1枚ずつ画用紙をめくっていくと，最後に「橙色のニョロニョロしたものが六つ，上に向かって伸びたい，動きたい！」と叫んでいるように見えるものが描いてあった（写真参照）。

その生命力あふれるニョロニョロには，しかし5枚もの画用紙が上に貼られていて，外からは見えないようになっていた[5]。筆者はこのとき直感的にA子さんが，今外に向かって動き出したいのだ思った。ただ，そのエネルギーは何枚もの画用紙で隠されている。それを担任である筆者に言いたかったのだと感じた。筆者は感じるままに「この絵，だーいすき」と答えた。そしてA子さんと二人で黒板にその絵を貼りに行った。A子さんはその後も絵を描き続けた。絵を描き終わると，他の子どものしていることをじっと見たり，筆者のそばにいたりしていた。

それから1か月後の5月半ば，A子さんは「ドアのある絵」を描いた。このドアとともに，A子さんは自分ひとりでいることの多い世界から，一歩外に足を踏み出したように思った。そのあたりからA子さんはY子さんと一緒にいることが増え，不思議なことに描画の数も減っていったのである。

このときの体験は筆者の「子どもの表現」に対する原体験ともなっている。幼児期になると身体表現のみではなくA子さんのように描くことを通じて今の自分を表現することも多くなる。保育の場では「描画を受け取る」ことが「子どもの心を受け取る」ことにつながり，子どもとの関係が深まる。さらに描画の場合は見える形で後に残るので，もう一度そのことの意味を考える余裕を保育者に与えてくれる。子どもの描画を並べ，自分の保育記録と照らし合わせながら考えていくと，保育の場だけでは感じ得なかった子どもたちの心の襞が見えてくることも多い。

（3）詩的表現を理解する

「あついはるでした。うみにいきました。」

これは先に述べたA子さんが大潮の日に園外保育で出かけた磯遊びの様子を描いた自作の2ページの見開き絵本「おもいで」に書かれた文章である。向かって右側のページにこの文章が，左側のページに太陽と降りそそぐ陽光，そして海と海の生物が描かれている。この大潮の日に担任として同行した筆者は子どもたちと一緒に小さなヤドカリやイソギンチャク，そしてはじめて見た

「ウミウシ」に歓声をあげた。春にしては強い日差しを浴びながら，子どもたちと夢中になって遊んだことは心地よかった。

　この日のことはA子さんにも印象深かったようで，これがこの絵本の創作にもつながったわけだが，筆者が心に残ったのは「あついはるでした」という表現である。大人は「あつい」という言葉と「はる」という言葉を一緒に使うことは考えないだろう。しかし子どもの表現はある意味とても直接的であり，その直接性ゆえ詩的でもある。論理でいくならば「暑い春」という表現はありえない。しかし，子どもと一緒に生活し，その場を共有した筆者には「ほんとうにこの言葉がぴったりだ」と納得できるのである。つまり，子どもの表現をできるだけ子どもの気持ちに近いかたちで理解するためには「生活を共にする」ことが大きなポイントとなるといえよう。

2．子どもの「表現」を支える

（1）子どものとっての直接的体験の重要性

　幼児期の生活は多くの時間が「遊び」に費やされる。子どもはこの「遊び」という具体的・直接的な体験を通して，自分を取り巻く世界，そして自分自身についても理解していく。幼児期はそれ以降の人生の時期と比べると，この直接的体験がとても重要である時期であるといえる。ひとつの例を挙げよう。

　ある幼稚園の年長組でのこと。このクラスでは前年度秋からカブトムシの幼虫をガラス箱の中で飼っている。子どもたちの多くは図鑑やテレビでみたカブトムシを知ってはいるが，本物に触ったことのある子どもはほとんどいなかった。それを知った担任がカブトムシの幼虫を分けてくれる人を探し，20匹ほど分けてもらった。カブトムシの幼虫のえさになる枯葉の堆肥はいつの間にか減っている。「きっと，幼虫が食べたんだよ。また入れてあげよう」と子どもたちは，堆肥がなくならないよう毎日ガラス箱を覗き，堆肥が減り始めると担任に告げた。そしてカブトムシとなって地上に出てくる日を今か今かと楽しみにしていた。「今日は昨日より，少し大きくなったみたい」「なんだか動かなくなっ

た。動かなくなったらもうすぐカブトになるかもね」そんな会話も聞かれた。

　1学期の終わりも近いある日のこと，ついに2匹のカブトムシが地表に現れた。「うわーっ，カブトだ」「よーし，ムシキング* の戦いをしよう！」数人の男児が1匹ずつつかもうとした。「イテッ！」「なんか，こわいよう…」「大丈夫さ，ぎゅっとつかめば！」興奮した男児たちは半分こわごわ，半分無鉄砲とも思える雑な持ち方でカブトムシをつかんでむりやり戦わそうとした。この日の帰りの会でのこと。担任は新しく生まれた「カブトムシ」をクラスで紹介しようとガラス箱に近づいた。しかしそこで発見したものはすでに力尽きて死んでしまったカブトムシであった。朝，張り切ってカブトムシを戦わせた男児たちは意気消沈している。その姿をみた担任は本物のカブトムシがどんな感じだったかをこの男児たちに聞いた。「いっぱい戦いごっこをしようと思って遊んだのに，動かなくなった」という。「どうしたら，生まれたカブトムシが元気でいられるかな？」と担任が聞くと「カブトムシは戦いたくなかったかもしれない。今度生まれてきたら，カブトムシに何をしたいか聞いてみる」とのこと。

　翌日生まれた1匹のカブトムシにはしばらく触らず，じっと見ている男児たちの姿があった。さらに次の日。「ぼくたちうまれたばかりです。らんぼうにさわらないでください。かぶとむしより」と書いた紙がガラス箱の前に張られていた。

　子どもたちはカブトムシが動かなくなったことで何を感じたのだろうか。バーチャルゲームのような間接的な体験では得られないいろいろな気持ちを味わったことはこの事例からも推察できる。たどたどしい字で書かれた「カブトムシからのメッセージ」は子どもたちの小さな痛みをともなった体験の一つの集大成としての表現とも受け取れる。このように子どもたちは自分の生きている世界について直接的な体験を通して学び，この体験が豊かなものであれば子どもの表現したいという気持ちも力も育っていくのである。

（2）子どもの「表現」を支える保育

　では子どもたちの「豊かな体験」を保障し，支える保育とはどのようなものであろうか。先の例でも述べたが，それにはまず子どもたちが直接体験を豊か

＊　子どもたちの間で流行している「カブトムシバトルゲーム」。また「ムシキングカード」というカードを集めることも流行している。

に味わえるような身近な環境を整えることが大切であろう。幼児期の教育はこのように「子どもが環境に直接働きかける」ことで，自分を取り巻く世界や，自分自身について理解を深めていかれるように行われなければならない。そのために保育者は毎日接している子どもをよくみて，子どもがどんなことに興味や関心をもっているのかを知り，適切な環境の準備をすることが大切である。

　また学びが遊びそのものの中に内包されているのが幼児期の遊びの大きな特徴ともいえ，保育の中で遊びの充実を図ることがその必要条件となってくる。子どもは遊びに集中することで自己の充実を図ることができる。言葉を返せば，遊びの充実ができていない子どもに対しては，保育者はそばに寄り添いながら時には一緒に遊び，時には遊びの提案をして子どもが自己を発揮できるように援助することが必要になる。また遊びに夢中になり，自己充実が図られている子どもに対しては，遊んでいるからそのままでよいとするのではなく，さらなる遊びの発展を促すような配慮や援助をすることも大切なことである。

　このことに加えて，この遊びを保障するためには「ゆったりとした時間の流れ」と「空間」という環境がなくてはならない。子どもたちが遊びを始めるとき，すぐに遊びこめる場合と，しばらくその遊びを見つけるまでに時間のかかる場合があるからである。

　これらのことをすべて合わせてはじめて，子どもにとって「豊かな環境」といえるのであり，ここに子どもたち自らがかかわることで「豊かな体験」を育む保育を展開することができ，そのなかで子どもたちは伸びやかに自分を表現していくことが可能になるのである。

■引 用 文 献
　1）保育研究者である津守真の言葉
　2）津守真：保育の体験と思索，大日本図書，p.56，1980
　3）津守真：前掲書2）
　4）入江礼子・友定啓子・角能清美：保育現象の文化論的展開，光生館，p.18，1977
　5）この部分の詳しい記録と考察は，前掲書4）の入江執筆分のpp.19-21に掲載。ここではその概要を記した。

第 1 章
領域「表現」

1. 幼児教育の新たな枠組み

(1) 2017（平成29）年の「幼稚園教育要領」「保育所保育指針」「幼保連携型認定こども園教育・保育要領」の改訂・改定

　保育内容に「5領域」という考え方が持ち込まれたのは，1989（平成元）年の幼稚園教育要領の改訂からである（保育所保育指針はその1年後に幼稚園教育要領の保育内容と齟齬がないように改定されている）。それらは心身の健康に関する領域「健康」，人とのかかわりに関する領域「人間関係」，身近な環境とのかかわりに関する領域「環境」，言葉の獲得に関する領域「言葉」，感性と表現に関する領域「表現」である。この改訂・改定では「幼児期にふさわしい生活」「遊びを通しての総合的な指導」「一人一人の発達を援助すること」が謳われ，それ以前の保育内容6領域時代において保育内容が教科と間違われやすかったときとは一線を画した。その後およそ10年ごとに小さな改訂・改定があったが保育内容の5領域という枠組みは変わらなかった。

　時代が下って2017（平成29）年，幼稚園教育要領，保育所保育指針，並びに幼保連携型認定こども園教育・保育要領が新たに改訂・改定された。

　ここでも，1989年の幼稚園教育要領における保育内容の考え方はほぼ踏襲されている。また，幼児期の教育の公平性を期すために新たに3歳児以上の子どもたちはどの就学前施設に在籍していても幼稚園教育要領の保育内容に準じた教育が受けられることとなった。

また，この改訂・改定では「家庭との緊密な連携の下，小学校以降の教育や生涯にわたる学習とのつながりを見通しながら，幼児の自発的な活動としての遊びを通しての総合的な指導」が，幼児教育のあり方であることがはっきりと示された。

（2）2017年改訂・改定の特徴

2017年の改訂・改定では，保育内容そのものについての大きな変化はなかった。しかしこの改訂・改定では，新たに幼稚園教育要領の総則の第2に幼稚園教育において育みたい資質・能力及び「幼児期の終わりまでに育ってほしい姿」という項目がかかげられた。同様の内容は保育所保育指針においても，幼保連携型認定こども園教育・保育要領においても記されている。

まず，資質・能力のところでは，

（1）豊かな体験を通じて，感じたり，気付いたり，分かったり，できるようになったりする「知識及び技能の基礎」
（2）気付いたことや，できるようになったことなどを使い，考えたり，試したり，工夫したり，表現したりする「思考力，判断力，表現力等の基礎」
（3）心情，意欲，態度が育つ中で，よりよい生活を営もうとする「学びに向かう力，人間性等」

が挙げられた。これらは保育内容のねらい内容に基づく活動全体によって育むこととされている。

さらに「幼児期の終わりまでに育ってほしい姿」は，それを保育者が指導を行う際に考慮するものとされている。以下に挙げてみよう。

① 健康な心と体
② 自立心
③ 協同性
④ 道徳性・規範意識の芽生え
⑤ 社会生活との関わり
⑥ 思考力の芽生え

⑦ 自然との関わり・生命尊重

⑧ 数量や図形，標識や文字などへの関心・感覚

⑨ 言葉による伝え合い

⑩ 豊かな感性と表現

　これらのことを保育者は意識しながら，日々の保育を行っていくことが幼稚園教育要領等に示されたわけだが，あくまでも「幼児期の終わりまでに育ってほしい姿」であって，到達目標のように「育てなくてはならない姿」ではないことを心に留めておく必要がある。あくまでもこれは「育ってほしい」と願う「方向目標」と考えるとよいだろう。

　ここで領域「表現」と大きくかかわるのは「⑩豊かな感性と表現」の部分である。幼稚園教育要領では，ここでは「心を動かす出来事などに触れ感性を働かせる中で，様々な素材の特徴や表現の仕方などに気付き，感じたことや考えたことを自分で表現したり，友達同士で表現する過程を楽しんだりし，表現する喜びを味わい，意欲をもつようなる」と説明されている。

（3）領域「表現」について

　領域「表現」について，2017年改訂・改定幼稚園教育要領等で新たに触れられているのは，（2）で述べた「幼児期の終わりまでに育ってほしい姿」の「⑩豊かな表現と感性」の部分と，領域「表現」部分で新たに豊かな感性は「身近な環境と十分に関わる」ことが強調され，その内容の取扱いのところでも「風の音や雨の音，身近にある草や花の形や色など自然の中にある音，形，色などに気付くようにすること」という文言が加わっている。幼児期の発達に即して保育を構想することが保育者により求められるようになったといえる。また，2017年の改訂・改定では，小学校との接続も今までよりいっそう意識されており，領域「表現」もその例外ではないことも忘れてはならないだろう。

2．領域「表現」において育むもの

（1）幼稚園教育要領における領域「表現」
幼稚園教育要領では，領域「表現」について以下のように述べられている。

表　現
　　感じたことや考えたことを自分なりに表現することを通して，豊かな感性や表現する力を養い，創造性を豊かにする。
1　ねらい
（1）　いろいろなものの美しさなどに対する豊かな感性をもつ。
（2）　感じたことや考えたことを自分なりに表現して楽しむ。
（3）　生活の中でイメージを豊かにし，様々な表現を楽しむ。
2　内　容
（1）　生活の中で様々な音，色，形，手触り，動きなどに気付いたり，感じたりするなどして楽しむ。
（2）　生活の中で美しいものや心を動かす出来事に触れ，イメージを豊かにする。
（3）　様々な出来事の中で，感動したことを伝え合う楽しさを味わう。
（4）　感じたこと，考えたことなどを音や動きなどで表現したり，自由にかいたり，つくったりなどする。
（5）　いろいろな素材に親しみ，工夫して遊ぶ。
（6）　音楽に親しみ，歌を歌ったり，簡単なリズム楽器を使ったりなどする楽しさを味わう。
（7）　かいたり，つくったりすることを楽しみ，遊びに使ったり，飾ったりなどする。
（8）　自分のイメージを動きや言葉などで表現したり，演じて遊んだりするなどの楽しさを味わう。
3　内容の取扱い
　　上記の取扱いに当たっては，次の事項に留意する必要がある。
（1）　豊かな感性は，身近な環境と十分に関わる中で美しいもの，優れたもの，心を動かす出来事などに出会い，そこから得た感動を他の幼児や教師と共有し，様々に表現することなどを通して養われるようにすること。そ

の際，風の音や雨の音，身近にある草や花の形や色など自然の中にある音，形，色などに気付くようにすること。
（下線筆者。新たに加筆された部分）
（2）　幼児の自己表現は素朴な形で行われることが多いので，教師はそのような表現を受容し，幼児自身の表現しようとする意欲を受け止めて，幼児が生活の中で幼児らしい様々な表現を楽しむことができるようにすること。
（3）　生活経験や発達に応じ，自ら様々な表現を楽しみ，表現する意欲を十分に発揮させることができるように，遊具や用具などを整えたり，様々な素材や表現の仕方に親しんだり，他の幼児の表現に触れられるように配慮したりし，表現する過程を大切にして自己表現を楽しめるように工夫すること。

　幼児期には子どもたちは「身近な環境」に十分にかかわることが大切であり，そこで得た感動等を一緒に生活する他の子どもたちや保育者と共有したり，自分なりに表現していかれるような保育者の援助が求められる。また，このような身近な環境を保育者が構想していく必要がある。なぜなら，それなしには子どもたちの中に楽しいことを楽しいと感じ，美しいことを美しいと思い，悲しいことを悲しいと感じ，不思議さに目を見張り，さらにはそれを表現したいというような思いを抱くことは望まれないからである。

（2）保育所保育指針における領域「表現」

　2017年改定された保育所保育指針においては，第1章総則4．に「幼児教育を行う施設として共有すべき事項」が新たに掲げられた。ここは幼稚園教育要領に準拠する部分であり，その（1）には「育みたい資質・能力」について，（2）には「幼児期の終わりまでに育ってほしい姿」が挙げられている。
　続く第2章が「保育の内容」となっている。ここでは三つの発達段階に分けて記述がなされている。「乳児保育」と「1歳以上3歳未満児の保育」，そして「3歳以上児の保育」である。
　「乳児保育」では，5領域として保育内容は示されてはいないが，「ねらい

及び内容」としてア〜ウの３項目が掲げられており，そのうち「ウ　身近なものと関わり感性が育つ」のねらい「③身体の諸感覚による認識が豊かになり，表情や手足，体の動き等で表現する」が，領域「表現」に関連するものとなっている。

　「１歳以上３歳未満児の保育」では，領域「表現」として以下の「ねらい」が示され，６項目の「内容」が掲げられている。

> ①　身体の諸感覚の経験を豊かにし，様々な感覚を味わう。
> ②　感じたことや考えたことなどを自分なりに表現しようとする。
> ③　生活や遊びの様々な体験を通して，イメージや感性が豊かになる。

　「３歳以上児の保育」では，幼稚園教育要領で「教師」となっているところが「保育士等」に変わるだけで，他の内容は全く同じである。

（3）幼保連携型認定こども園教育・保育要領における領域「表現」

　2014（平成26）年に新たに告示された幼保連携型認定こども園教育・保育要領は，幼稚園教育要領，保育所保育指針の2017年の改訂・改定に合わせて，同時に改訂，告示された。ここでは保育内容が，保育所保育指針と同じく三つの発達段階で示され，「乳児保育」「１歳以上３歳未満児の保育」は保育所保育指針に，「３歳以上児の保育」は幼稚園教育要領に準拠している。文言で異なるのは「教師」「保育士等」の部分が「保育教諭」になっているところである。また，年齢には「満」が付されている点も異なる。

（4）遊びの総合性

　子どもの主体的な遊びには様々な面がある。それらの面が複雑に絡まってその遊びを構成しているのである。領域「表現」の要素はその一つである。ここでは一つの遊びの事例を通してその総合性について考えていくことにしよう。

事例 1-1　3歳児の1月 ── ジャンプごっこ ──
　子どもたちは2学期から続いている「ジャンプタッチ遊び」を今日もしたいという。担任のS先生と一緒に机を並べて、ジャンプ台を作る。作っている間に子どもたちが次々と集まってきた。保育室の天井からは輪投げの輪がつるされている。子どもたちは机からジャンプしてその輪にタッチする。「ジャーンプ！」「がんばれ！Cちゃん!!」「あっ、もう少し大きく跳んだほうが届くよ」「あっ、落ちちゃった。大丈夫」など、子どもたちは声をかけながら遊ぶ。しばらくするとT男が「僕、カンガルーになるんだ。先生、カンガルーのお面作りたい」という。S先生が準備をしているとジャンプをしていた子どものうちの数人が「S先生、僕もT君みたいの作りたい！」「あたしはカエルのお面を作る！」「えっ、Y子も作ろうと思ったんだ。同じだねー」と顔を合わせてにっこりする。お面をつけた子どもたちはその動物のように飛びたいといろいろ工夫する。

　この一連の遊びは保育内容の領域では何が含まれているだろうか。まずからだを動かす（健康）、先生や友達と会話をする（言語）、友達を応援する（人間関係）、お面を作る（表現）、動物になりきる（表現）といったところが考えられるだろうか。

　このように遊びの内容を見ていくと一つの遊びが領域的には複数にまたがっていることがわかる。子どもが主体性を発揮して仲間と協同的に遊ぶようなときは特に様々な領域が複雑に絡まって発展していくことが多いのである。むしろ含まれる領域が一つなどという遊びはほとんどないといった方がよいかもしれない。

■参考文献
　文部科学省：幼稚園教育要領，2017
　厚生労働省：保育所保育指針，2017
　内閣府・文部科学省・厚生労働省：幼保連携型認定こども園教育・保育要領，2017
　津守真：保育の体験と思索，大日本図書，1980
　津守真：子どもの世界をどうみるか，日本放送出版協会，1987
　大場牧夫：表現原論─幼児の「あらわし」と領域「表現」，萌文書林，1996
　岡本夏木：幼児期─子どもは世界をどうつかむか，岩波新書，2005

第2章
子どもの育ちと表現

> 年少「うさぎのくみ」における一つのエピソード[1]
> 　一人ずつお名前が呼ばれ，順番に自分のうさぎさんの画用紙を取りにいく子どもたち。
> 　「はい」と元気な返事で手を伸ばす子。恥ずかしそうに手を差し出す子。にこにこ顔で，今にも飛び出しそうに待っている子。
> 　すると，一人が自分の座っている場所からズルズルと，這い出していきました。まるでヘビさん。それとも……。すると，次の子も次の子もヘビの行列のよう。先生もこれに呼応して，ヘビさんが魔法の見えない糸で引っ張られてヒューヒューと上に伸びるように手を動かします。
> 　こうして一人ひとりにうさぎさんの画用紙が手渡されていきました。私は心の中で，「いいぞ，いいぞ」とつぶやきながら，「ニョロニョロ〜，あれ？　なんだろう。ヘビさんかな。もっと大きいワニさんかな〜」と声をかけました。すると，今度は手足を使って，四つん這いで出て行く子も……。

　日常的に繰り広げられる保育室での光景。そこここに，子どもの様々な表現がちりばめられている。
　このエピソードでは，自分がもらう画用紙を楽しみにわくわくしながら待つ様子，何かの理由で恥ずかしさを隠せない様子，また，個性的な受け取り方（自分でない何かになって，自分と何かを重ね合わせて）をする様子，さらに，それを模倣する様子など，子どもたち一人ひとりが自分なりの表現をこの小さな機会を捉えてしていることがわかる。これらの行動は，"自分は今，こうしたい"という子どもたちの心と身体の自然な"表れ"であり，それをキャッチ

し，受容する先生と友達の存在に向かっているとみることができる。さらに，共感しつつも，自分なら，もっとこういうこともできるぞ，という"異なる自分の表し"であると捉えることもできる。自分の世界から一歩踏み出し，周りを感じ，意識しながら，どの子も自分をアピールしたい時期がおとずれる。

言い換えれば，表現という行為は，今の自分の思いや感じを映す鏡であり，また，新たな自己の世界を作り出す営みであるともいえる。

この章では，エピソードにみられるような子どもの育ちにかかわる表現について，私たち人間にとっての表現の全体を視野に入れながら，表現と技能のかかわりや表現の育ちを支える連続的な柱について考えていこう。

1．表現の育ちとは

子どもの表現はどのように育ち，また，何を素材や媒体とし，何を表しているのだろうか。図 2-1 に基づいて考えていこう。

（1）表現と表出

人は言語の獲得以前に，全身を総動員して環境を知ろうとし感覚を働かせる。その一方で環境や刺激への反応を表出*という形で表す。新生児が母親を認知

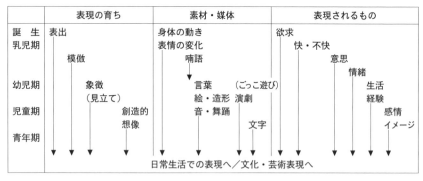

図 2-1　表現の育ちと乳幼児期

し身体や表情で快の反応を示したり，空腹を知らせるために大きな声で泣き不快な状態を知らせるなどがその例といえる。幼児期になって自分の思いがうまく伝えられないときに，大声を出したり暴れてしまったりすることも同様である。また，大人になっても私たちは「歓喜のあまり躍り上がって喜ぶ」「こぶしを握り締めて涙をこらえる」など思わず表れてしまう感情や感覚と結び付いた行為をよく経験する。このように，表出は，乳幼児に限らず，私たち人間が原初的にもつ，また，もち続ける身体を通した欲求や感情の表現とみることができる。

（2）表現と模倣

　子どもたちは，立つ，這う，歩くなどの全身を使う運動を獲得し，指を器用に使うなどの技能を身に付けていくと，その世界を急速に広げていく。生活の中で模倣を楽しみ，喃語もみられるようになる。この頃は，盛んに身近な大人の動作を観察し言葉に聞き耳を立て，自分も再現しようと試みる。

　例えば，母親の差し出した腕の中に向って走り込み，温かく包み込まれ迎えられることに喜びを感じ何度も繰り返す。これは，自分の意志をもって行動し，成し遂げることで満足感を味わい，自分の表現を受け止められた喜びが快い経験となって子どもの中に蓄積されると考えることができる。視点を転じると，身体運動の獲得は"走る"という運動の模倣を反復することを通して達成されているとみることもでき，これに加えて模倣を促す子ども自身の欲求，つまり，身体を動かし母親の腕の中に飛び込みたいという動機の存在と，それを支える周囲の人的環境との相互交流の必要性があることに気付かなければならない。このように，子どもの行動には，運動に限らず，言葉，なぐり書きなど，模倣しながら身の回りの環境を進んで取り入れまた表現しようとする行為が多く見受けられる。

＊　表出：精神の内部過程と未分化に，何らかの対応をもつと考えられる身体的変化や活動。

（3）表現と見立て

　幼児期になると，家庭や地域だけでなく，幼稚園や保育所などの生活の場を新たに加え，自分を取り巻く社会や文化，また，同年齢，異年齢の人とのかかわりが一層広がる。この頃の子どもたちには，何かを何かに"見立て"て遊ぶ活動が特徴的にみられるようになる。自分が知っていることやものについてそれでない別のものを借りて象徴機能＊を働かせ，自分の内的イメージを表そうとする試みである。

　例えば，子どもが母親に「おかあさん，お耳がプール」と訴える。母親は，おそらく水遊びをして耳に水が入ったということだろうと察しをつけ，温かい微笑と共に「ああ，お耳がプールなの，お水を取ろうね」と応じ対処するだろう。この短文に表されている事柄は，〈耳が変な感じ―水遊びをしていた事実の記憶―水が耳に入ったに違いないという思い―誰かに伝えなければ―水がたまっているところはプール＝お耳がプール〉という感覚と連想が一瞬に合致して，つまり，象徴機能を働かせて，子どもがその時もっている言語の力を総動員して母親への訴え，思いの伝達となって言葉に出たと考えられる。

　見立てて遊ぶことは，ごっこ遊びの中によくみることができる。葉っぱや砂で作ったご馳走を本物のように勧め，美味しそうに頂くおままごと。その過程では，大人のような会話を楽しみ仕草も大人びて，自分とは異なる他人を互いに演じる。段ボールや，庭木を家に見立てたり，エプロンの代わりに風呂敷を巻いたりして，少しでも，自分の知る本物に近づこうとする。ここでは，暗黙のうちに，何が何を表しているか，つまり，ここに参加している仲間の間では，見立てられているものが共通する記号として表現され理解されていることがわかる。このように，ごっこ遊びの中では，生活経験をもとに自分でない何かを演じたり，その刻々に起こる様々な事柄に対応しながら，子どもの内なるものを外に表す行為が，他とのかかわりの中で行われているとみることができる。

＊　象徴機能：見かけの異なるシンボル（例えば積み木）によって，指示対象（例えば新幹線）のイメージをもち，指示対象を代表する精神の働き。

1. 表現の育ちとは　19

「世界に一つだけの花」(次頁参照)

生活や遊びを通して経験する事柄は，当然のことながら子どもたちが生きる地域や文化の影響を大きく受ける。対象に対する興味・関心が広がり，好きな事柄を集中してなし遂げようとする姿にもこれらは反映される。模倣表現や見立ての表現は，身体や言葉を素材，媒介とするが，地域や文化という観点からみれば私たちが獲得してきた生活や文化の型—パターン，フォーム，スタイルを，子どもたちは知らず知らずのうちに取り入れ媒介としていることは自明である。ヒーローごっこやショーごっこは，変身して自分でない気分を楽しむ，表すことと捉えることができるが，その中にもこれまでの自己の経験や現在の自己が投影され，演劇的要素，歌やダンス，衣装や持ち物を工夫するなど様々なものが表現の媒体として混在している。後に文化の型への発展を予見させるものを多く見出すことができる。

　子どもにとっては，遊びそのものが自分の生き方の表現ともいえ，この過程で感じる感情状態や身体感覚が新たな自分の発見へと連続し，自分と周囲の関係性への気付きを生じさせる。

（4）表現と創造的想像

　さらに，創造的想像といわれる，過去の経験を素材や媒体にしながら，イメージを新しく再構成し直す活動は，自分なりに新たな表現を繰り返し行うことで，想像力を活発に働かせ能動的に自己を発揮し示す。主観的で何ものにもとらわれない自由さをもつことに表現者としての特徴をみることができる。

　事例として，年長児が総合的な表現活動の一部として取り組んだ「世界に一つだけの花」を描く活動についてみてみよう。（パフォーマンス「華山」，"地球の誕生"からの発想で，子どもたちから出されたイメージに基づいて「海—海の生き物—山—火山—花」で構成された。表2-1参照，2003年度，K幼稚園）

　保育者の，子どもたち一人ひとりが自分を思い切り生かして大きく咲いてほしいという思いを込めた「どんな花でもいい，今までに見たことのないような自分の花を」の問いかけに対して，この活動と同時進行で行われている動きの表現活動や，連続性をもつ個々の興味との関連がその描画の中に表れ「虹色の

花」「風船から夢が飛び出す花」「火山の火の粉から生まれた花」「水の花」「ア
ルファベットの花」などのタイトルが子どもたちによって付けられた。保育者
の記録には、「サインペン、クレパスでの塗りつぶし。筆圧の強さ、そしてあ
ざやかさ！思わず涙が出てしまいそうな作品が出来上がる」「生まれてくる作
品の共通点として、どこかで今までの表現活動とつながっていることを感じる」
「そして、いざ表現の時間。今日の花は違っていた。朝のイメージ、創り出し
た花たち、子どもたちの動きに大きく影響を与えていたことを思う」と記され、
保育者としての率直な感動の記述と共に、あるもののイメージをもった一つの
表現が他の表現をも拓く相互作用に言及している。ここでの花というイメージ
は、一般的な"きれいな""美しい""色あざやかな"などのイメージにとどまっ
ていない。この「世界に一つだけの花」を描く活動では、子どもの中に息づく
現在の自分のイメージが動きの表現とつながり、表し方―技術―の獲得（この
描画では塗りつぶし）によって、花のイメージの中に溶かし込まれた一人ひと
りの自由で独創的な表現となって結実したと捉えることができる。

（5）表現の育ち

　ここまでみてきたように子どもの表現の育ちは、身体的、精神的、知的発達
を伴いながら、自らの行動体験をもって様々な表現の素材や媒体を獲得する過
程と考えることができる。成長するにつれ、より柔軟にそれを使いこなすこと
で、私たちが生来的にもつ"私を表し他に伝える"表現とコミュニケーション
の関係に気付き、獲得していく過程とみることもできる。

　例えば、全身を震わせて泣き続けるしかない、どうしようもない乳幼児期の
感情の表出的"表れ"も、いろいろなことができる自分を獲得したとき、様々
な表現方法…お話をしたり、何かを創ったり、身体を動かしたりなどで、感情
を転化、純化し、豊かな自分の"表し"に成長させることができるはずである。
そしてそこには、自分とは異なる他者とのコミュニケーションの確かさの存在
を感じるはずである。

　しかし、「発達でも、保育でも、時間は直線では考えられない。また、原因

22　第2章　子どもの育ちと表現

表2-1　動きの表現―実践プロセスとその周辺　週日案と週の記録から

月　日	週　日　案	週　の　記　録	参加者など
第1週 9月2～5日	・4日　Yと打ち合わせ　表現活動	・Yとの話し合いを終え、みどり祭に向けて、さらにその先も視野にいれながら今年はストーリーの中で（昨年）ではなく、子どもたちの動きから何か一つの表現作品を。みんなで作り上げた心に少しでも残るものを。	保育アドヴァイザー（以下Y）打ち合わせ
第2週 9月8～12日 敬老の日 参観日	・帰りの集い等を利用して表現・リズム遊び ・ピアノの音にあわせて動いてみる、ゴキブリゲーム、かごめ ・かごめ…ゆっくり、速く、速度を変化させて、なりきる、お互いに見合う場面を持つ	・身体を充分動かしての遊び、解放的な遊びはやはり子どもの育ちに大きく影響していることをおもう。今週は、自分達の力で遊びや活動を進めていこうとする姿、工夫して遊びこんでいる姿に本当に驚かされた。来週から通常保育、表現活動もはじまり（こちらがある程度意図的に行う）まとまってみんなで集中して自由に思い切り遊ぶ。メリハリをつけて活動を進めていきたい。	
第8週 10月20～24日 誕生日会	・友達と同じ思いやイメージをもち意見を出し合いながら表現する楽しさを味わう。みどり祭にむけての活動を通して（表現活動、壁面づくり） 　何かになりきる、みんなで楽しむ、協力する、ぶつかり合う ・表現活動へ力を入れていく。子どもたちがよりその気になれる工夫を!! ・表現活動場面、物語、絵本などじっくりと聞いたり考えて意見を述べる姿が見られた。 ・表現活動「ちきゅう」の本の提示「ちきゅうにはどんなものが？」「ちきゅうってどうやってできたの？」面白い意見が言葉からの連想K強。T発想豊か。HIの意見にみんな聞き入る。D、KO、Mリード。＊＊＊理解が難しい。 ・グループごとに見合う。良い動きのピックアップ。考えあう。協力。 〔表現壁面づくり、全員で。S、T組も一緒に参加OK！〕 〔自由な遊びの展開の中で、みどり祭に向けての作品づくり（先週より）〕 ・20日　表現：布（YAの案）を使って海の表現。穏やかな波、荒波。山はどうする？　と問いかけ―Hの源氏山地図の絵紹介 〔・21日　パフォーマンス壁面づくり　その1〕 　山を表現しよう。身体で椅子を使って、山：Dの案、火山：Tの案、YOの動きをピックアップ、Yと打ち合わせ ・22日　地球の誕生―海そして山の出現。今までの動きを通してやってみよう。HIの動きピックアップ、Y表現観察 ・23日　山のあとには？　KA地球には何があるの質問で木がのびて花がさいてを表現。「あさがお」花へつなげる ・24日　前日に引き続き	・21日　表現の場面でもS（保育者）が入ってくださり太鼓を叩いてもらう。U（担）が動きへ参加（ピアノも弾きつつ、語りかけつつ、一人何役、今まで表現する、身体で何かに、つも遊びがすすまなかった…どうしていいからわからない子どもたち。Uが入りその動き（例えば火山、マグマ）を一緒に表現するかしないかで子どもの動きが大きく変化する。大人の真似にならないよう、しかし自分から動きが出てくるようになるには経験が…難しいところ。 　8組：表現の時間になると必ず覗きに来る。年長さんのやっていることが魅力的に感じてくれている様子、嬉しい。 ・22日　表現活動おねえさんたちが入る。But子ども同士での形のほうが面白い。YOのくじら最高。KA、Mバレリーナの足のよう。 ・23日　表現活動、子どもの動き大きく変化!!昨日の大学生参加は大きかった。今日は子どもたちだけ、おねえさんの動き見ていたり一緒にやったこと生きている。 　M表現特にgood、YOさらに良い動き、HI、KO花の種になってずーっと芽を出さずUに怒られると思ったらしく「すごいね、ジーッと地面の中で…」違う反応にびっくり。それも一つの表現なんだよ。 ・24日　表現活動でもAの花の表現が素敵。一学期花への興味大だったA、そのことが身体表現とつながっているのでは？　YO、YU、Hの動きもgood。逆に＊おしゃべりが目立ち巻き込まれる＊＊。特にYA、HIが楽しそうに参加！ ・一週間毎日13：00から30分の集中が可能！特に、水にYゼミ生がはいってくれたことで表現、動きのレパートリーがグンとアップ。その日は、おねえさんにべったりで自分達の動きを意識しながらは少し難しいところもあったが、しかし木、金と特に山の表現、一人の山から2―3―5―二つの山へ、人数があわなくてもそれでいい、足りなくてケンカなども起こらず、今までやらないと離れていた＊、すぐに座り込んでいた＊＊＊どこにいったのだろう？　という感じ。自分達の動きを見合うのも大事だが見てもらうという場面もできたら持たせてあげたい。また、火山、ビデオなど目で実際に見れたら…。	アシスタント Y観察・参加学生、保育に参加

1. 表現の育ちとは　23

週	週のねらい・課題／子どもの姿・記録		関連
第9週 10月27〜31日	・クラス全体の目的に向かって自分なりの力を発揮しながら取り組もうとする。みどり祭に向けて友達とイメージや考えを出し合いながら取り組む。 ・子どもたちの表現がよりよく見える工夫を!! ・表現活動、日に日に動きが変化、良い方向に。人を感じながら身体全身を使って。やりたくないと見ている人がいなくなった。 ・先週Yゼミ生が入ってくれたことが大きい。S（保育者）のびか感じられる! とのこと。 ・27日 海—海の生き物—山（椅子を使わずに変更）—火山—花、鏡で自分の身体、どこが動いた? 話し合い。 ・28日 動きの決定、子どもたちと確認。Yとの打ち合わせ。 ・29日 花、本番にむけて（火山、華の山、壁面の完成）Y表現見学。 ・31日 本番に向けて年小・年中、年長パフォーマンス見学。	・27日 表現では、やはり大人がいると、そこへ甘えに行く人がどうしても出てしまう。（実習生）しかし全体的には、一歩一歩、D、HIの会話「僕、家で研究してくるよ」「何を?」「家に魚とか犬とかいるし」「そうだ、僕も見てこよう」…いろいろな生き物を見て、それを表現するとの考えがすごい。 ・〔28日「世界に一つだけの花」サインペン、クレパスでの塗りつぶし。筆圧の強さ、そしてあざやかさ! 思わず涙が出てしまいそうな作品が出来上がる。「どんな花でもいい、今まで見たことのないような自分の花を」と伝える。虹色の花、風船から夢が飛び出す花、火山の火の粉から生まれた花、水の花、生まれてくる作品の共通点として、どこかで今までの表現活動とつながっていることを感じる。〕 ・28日 そして、いざ表現の時間。今日の花は違っていた。朝のイメージ、創り出した華たち、子どもたちの動きに大きく影響を与えていたことを思う。逆に、今日は、山の表現は今一歩。Yよりパート練習を、部分部分での動き、より意識できるように。 ・表現活動、あの30分の集中力、立派!（13:00からプレイルームが子どもたちの中に定着。）金曜日、年小・中さんに披露。3歳さんが帰りそれを真似てすばらしい演技をしてくれたとのこと! 見られる経験、5歳になるとどうしても照れが入る。よりその気になれる工夫を。それぞれの場面の差が明確になるように、動きのそれぞれの強化。そして、自分達の動きに命を吹き込む。まだまだ保育者としての課題山積みで頭を抱えるところであるが来週みんなで頑張っていきたい!	Y打ち合わせ アシスタント 園長 Y指導
第10週 11月3〜9日 みどり祭	・クラス全体の目的に向かって自分なりの力を発揮しながら取り組む。みどり祭に向けて友達とイメージや考えを出し合いながら取り組む。 ・友達の作品や動き（表現活動）に刺激を受けながら自分なりのイメージをのびのびと表現する。 ・表現活動 ・パフォーマンスに向けて13:00からプレイルームが子どもたちの中に定着。YOの頭の中にはその場面場面で動きが入っている。D、HI着替えの際に相談、生き物の動きについて研究してこよう。 ・3歳、4歳へ見せる経験。刺激を受け保育室にて再現。 ・今週はとにかく表現に力を入れて!! 動きの強化! 効果音、ビデオから視聴に…。 ・音をよく聞いて表現できるように。みんなでやった達成感、満足感が味わえるように。 ・表現活動でのイメージが絵で。表現とどこかでつながっていることを感じる。 ・見せるという経験が子どもたちの気持ち、動きに大きな変化をもたらす。	・5日 母の連絡帳には珍しくコメントが。パフォーマンスのことをいいたいYそれをとめるH。 ・5日 パフォーマンス、昨日、今日の映像からの刺激はとても大きかった様子。KOの動きが特に good!（昨日ピカ一の動きとほめられ、お家で練習してきた!と張り切る）火山、マグマがあがってくる表現、また顔まで固まる、カチカチになるがなんともステキ。一人一人の心が表現する! という気持ちに。イルカの泳ぐシーンを映像で見るとTが昨日のSのよう! と発言。友達の動きも感じつつ自分も表現。さらに良い動きとしてあげられるには? 保育後YとSに助けてもらいながらナレーション考えていく。子どものそこでの動き、そのときの音、表にしておくとわかりやすい。ナレーション、周りの人にどんな動きをしているのか、また子どもにとっても表現しやすいよう工夫を、より本物らしさカッコよさを追求。	学生鑑賞 Y観察・参加 保育ボランティア アシスタント 担任 ナレーション作成

注）〔　］は関連事項に関する記述。表の文中アルファベット，＊は人物またはクラスを指す。
■ 週のねらい，課題　　■ 子どもの姿についての書きこみ　　■ 週を通しての記録

と結果で直接結ぶこともできない」[2]と津守がいうように，表現の育ちもまた，直線的にいつ何ができるようになるというものではない。子ども一人ひとりにとってその時必要な表現内容と方法の広がりが子どもの育ちを保障していると捉えることもできる。子どもたちがその心身を投じて，自ら生活や遊びに主体的に取り組む中で漸進的に，急進的に，また逆戻りすることさえあり得る育ちであることを認識しつつ，私たち大人は，その過程に立ち会える幸せを再認識し，子どものどんな小さな信号—表現—も見逃さない感覚を常にもち続けなければならない。

2．子どもの育ちと表現技能

（1）領域「表現」と文化の型

　領域「表現」については，その成立の歴史的経緯*もあり，既成の文化との関連について考えないわけにはいかないだろう。

　人間にとっての表現は，先に触れたように，人として生きるきわめて人間的な行為であり，人間関係の形成はもとより私たちの生活全体を覆っていることは明らかである。しかし一方で，私たち人間は表現形式として，多様な文化の型—文学，音楽，美術，演劇，舞踊，建築など—を創り出し育み続けてきたこともまた事実である。

　佐藤は，「社会生活の隅々までアートが氾濫して猛威をふるい，アート作品や行為のほとんどが巨大市場で商品化され消費されている」と現在の芸術・文化の社会状況を捉え，であるからこそ「アートの創造的精神と批評的精神の基本の哲学を教育し，モノや事柄と人との新たなかかわりを築いてそれらと自己の内的真実を探究し表現するアートの技法の教育は，ますます重要になってい

＊　1957（昭和32）年以来，1989（平成元）年公示の「幼稚園教育要領」までは，子どものための望ましい経験の内容によって6領域が設けられていた。この6領域は，健康，社会，自然，言語，音楽リズム，絵画製作（造形）であり，このうち，音楽リズム，絵画製作（造形），言語領域の劇などが，現在の領域「表現」へと移行，重複したものと考えられがちであるが，現行の5領域は幼稚園教育の意図を発達の側面からまとめたものである。

る。」[3]と語り，アートの教育に潜む創造と表現にかかわる技法の重要性を指摘している。また，創造活動の過程について，例えばG.ワラスは「準備期，あたため期，啓示期（解明，ひらめき），検証期」の四つの段階を挙げ，J.P.ギルフォードは「問題を受け取る能力，思考の円滑さ，思考の柔軟さ，独自性，再構成する力，工夫する力」を特性として挙げている。

例えば，幼児の遊びによくみられる“剣を作る”について創造活動の過程をもとに考えてみよう。

剣がほしい，どうやって作ったらよいだろうか，みんなはどうやって作ったのだろう（準備，あたため期）と思いをめぐらせ，広告の紙があるから折ってみよう，丸めてみようなど試してみるがうまくいかない。誰かの援助によって細く丸めると硬くなるということに気付き（啓示期）何回も挑戦する。素材の特性に気付き，方法を発見することでようやく自分の思い描いた形に近いものを作ることができ，友達同士で戦ってみる（検証期）。もっと，本物に近づけたいと，さやを付ける工夫をしたり，質感を出すために，アルミフォイルを巻いてみたりする。

このように 一見簡単な遊びの中にも，創造の過程が踏襲されていることに気付く。その過程では，環境を活かした素材の選択のために思考し，自分の志向にあったものを製作するための技術を身に付け技能を獲得していると考えることができる。試してみることで，さらに工夫を加え新たに構成する試みがなされている。当然，そこには，ものとのかかわりだけでなく，援助する他者や，共に遊ぶ他者の存在があり，このことによる影響も見逃すことはできない。

子どもの何気ない遊びの中にちりばめられた，創造活動の過程に含まれる創造の本質的意味と，活動の過程で見出す表現技能の獲得とのかかわりは，その時々の子どもの必然から発し経験に根ざしたものである限り，乖離せずに存在するはずである。芸術の枠組みそのものが限界を迎え，そのジャンルを超えて行われるコラボレーションの試みは，芸術ジャンルの破壊と再構築を促している。既成の文化の型を切り取って絵画，音楽，舞踊などとして子どもたちに与えるのではなく，自らの能力を投じて遊ぶ中で試行錯誤を繰り返し，創造，表

現することの中に，文化や芸術の萌芽を認めていきたい。子どもにとってその時必要な技能を，子ども自身が発見していくことが，個々の子どもの今を充足させ，新しく総合的な表現の発信へとつながる。

（2）表現と技能―プロセスを捉える

　子どもにとっての表現技能は，上に述べたように，子どもの興味や関心に根を下ろした子ども自身の欲求によって創造・表現されるものにとって今必要なものであるということができるだろう。

　遊びの中で展開される多くの表現活動において，そのプロセスに生起し，見え隠れする子どもにとっての意味に着目し，結果のみにとらわれてはならないと言い換えることもできる。これについて，大場は「表現の世界ですから，本当は豊かさというのが一番大事なわけです。（中略）そういうことよりも上手，下手ということ，あるいは正確にできるということが中心になってしまったわけです。それが技能中心ということです」[4]と長い保育現場の経験から問題点を指摘している。保育者中心に結果の出来映えを求めたとき，子どもの好奇心や探究心，表現によって起きるダイナミックな感動を期待することはできない。このことに大場は言及していると考えられる。また，岡本は，「表現が主体に対してもつ意味は，結果的産物の中よりも，その過程においてこそ，まず論じられねばなりません」[5]と，幼児期における表現のプロセスの重要さに言及している。

　このように，表現のプロセスの中で獲得され，発揮される表現技能について，表2-2に示した事例[6]をもとに考えてみよう。

　この事例からまず，自由遊びにおいて子どもたち自身が創り出している表現活動は，例えば①のコーナーでの遊びから継続・発展し，②，③と積み重ねられている。①の女児4，5名が核となって②の楽器作りとコーナーを使っての発表へと続き，これに鑑賞する子どもを巻き込んで，手作り楽器での合奏，歌，ダンスといった表現活動がなされている。さらに，④，⑤でも，発表―鑑賞―交流―繰り返す（変化，工夫）という活動を通して子どもたち同士，保育者と

表 2-2　自由遊びの中の表現活動と保育者の援助

時間経過	幼児の活動	保育者のかかわり	表現活動の継続
00.00—	(省略)	(省略)	
20.31—	女児5名、男児1名、棚、積み木(大)で隠れ家のようなコーナーを作る	A女としゃがんで話をする(胸に手を当てる、何かを渡す、足を見る)	①6分34秒 →
	(合流)	A女と一緒に移動、傍らで見守りながら会話、他の子どもとかかわる	
22.00—	A女、他の場所へ	B女と一緒に移動(A女も一緒に話しながら)	
26.05—	他の男児1名、女児2～3名が保育者の傍らに、本、絵を一緒に見る	折り紙、色画紙の準備、椅子に座る	
27.05—	(男児4名と合流)	遅れてきた子ども、保育者の対応、子どもたちと話す	
28.59—	男児1名、女児3名が次々と加わる、はんこで遊ぶ		
32.54—	はじめの男児1名は保育者のところへ	子どもたち(男児1、女児1)と移動	
33.47—	(男児3、女児3名は加わる)	男児1名と座って話し、はんこ BOX を出す(他の保育者と話す)	
39.06—	女児3名、男児3～4名、空き容器と割り箸で太鼓作り	はんこ BOX をもって移動	
42.31—	A女、話して外へ　(男児1名、女児3名)	椅子に座ってラッパの芯で笛づくり	②21分43秒 →
52.45—	(男児1名、女児2名)	椅子に座って楽器作りの援助をする(笛、太鼓)	
55.25—	女児3名、舞台を使って手作り楽器を生かした演奏をする、女児2名が加わる、女児2名は保育者と一緒に鑑賞	A女が話しにくる	
58.00—	カセットの音楽、楽器演奏、ダンス、歌の発表　(女児4名)	子どもたちと一緒に移動、男児1名を抱っこする	
1.01.17—	終了　(男児1名+男児3名)	作った楽器を使っての発表を見る	
1.04.14—		本の片付け(他の保育者と話す)	
1.05.25—		園庭へ出る、子どもに話しかける	
1.23.30—	女児4名が傍らに　(女児4名)	他の保育者と話しながら男児1名と相談しながら何かを作る)	③29分57秒 →
1.25.41—	女児5名、ダンス、楽器、歌の発表　(女児5名)	子どもたちと舞台を一緒に作る	
1.30.30—		女児1名と移動	
1.35.15—		子どもたちと相談	
1.36.10—	女児5名演じる、じゃんけんや歌で交流	発表の準備をする	④
1.39.50—	終了後、すぐに繰り返す	本発表を見る、発表、鑑賞する子どもと一緒に歌う、一度、終了	
1.41.00—	男児6名が次々に加わる	じゃんけんをする	
1.44.40—		男児1名を寝かせる	
1.45.20—		舞台を注目、観客になる	
1.47.45—	女児5名発表の繰り返し(ダンス、歌)、鑑賞4名	(省略)	⑤
1.55.38—	(省略)		

の共感，感動の共有がなされていると考えられる。ここでの保育者は，「いろいろな思いがつながってクラスの中に広がるように，保育者が意図して（材料や環境構成を）出す」とインタビューに答えている。

　子どもが欲する表現のための素材や媒体の準備はもちろんのこと，素材を使って子どもと一緒に丁寧に意図に合わせて楽器（太鼓，笛作り）を工夫し作ること，子どもたちの発表の場に何度も鑑賞者として参加することで，子どもたちの次への課題を予測し何気なく援助をし，意欲を継続させること（舞台の設定，他の子どもと共に鑑賞をするなど），子どもの意図を感じること（次の発表に向っての相談），などにみられる保育者の援助は，子どもにとっては，その表現意欲に添った表現方法の選択を促し，必要な技術は繰り返し工夫，発表する中で技能として子どもの中に根付いていったと考えられる。子どもたちは，自由遊びにおける表現活動を通して遊びこむ・夢中になる楽しさを感じながら，そのプロセスを通して表現の技能を獲得しているとみることができる。

3．表現の育ちを促すもの

（1）表現のプロセスと作品を考える

　保育場面における表現の活動は，結果つまり作品の出来映えや発表での評価よりは，そのプロセスにおいて子どもの現在をありのままに，しかし，表したい内容，事柄と結び付いた方法の発見を積み重ねることが最も優先されながら行われるべきであることは先に触れた。

　しかし，子どもに限らず，人間にとって，表現活動の帰結としてもたらされるものが作品や発表であることもまた事実である。

　ここで，発表に至る表現活動の事例（p.22，表2−1）[7]をみながら，表現のプロセスとその結果もたらされるものに着目して考えてみよう。

　ここで展開されたのは学園祭でのパフォーマンスとしての発表，いわば行事での発表を目的としながら，保育者はこの時期における保育のねらいを「友達との関係の中で自分の思いを発揮し，時にはぶつかり合い，友達とともに困難

を乗越えていく」とし，また，表現活動においては，「ぶつかり合い」「自分を出す」「個から集団へ」と，保育全体のねらいと重複するものを挙げ，表現活動を端緒とした子どもの育ちを想定している。

このねらいに基づいた実践を，週日案と保育者の記録をもとに，時間経過を追いながら確認していこう。

第1週：保育者は「子どもたちの動きから表現作品を」という全体のおおまかな見通しをもち，このための表現にかかわる内容（ピアノに合わせて，伝承遊び，体験・生活を身体遊びで表現，絵本のイメージから）を準備し実践へとつなげる。

第2週〜第7週〔準備，あたため期〕：機会を捉えて，表現・リズム遊びなどを実践する。身体を十分使う開放的な遊びは，自主的な姿や，工夫する姿，集中力など，子どもの育ちに大きな影響をもつことを保育者は確認する。この時期の子どもの様子に基づいて，保育者は了どもから出てくる遊びを活かした作品のイメージと流れを予測している（具体的には「地球の誕生—山の出現—火山—化が咲いて」）。子どもを活かしながら，先を見通す時期となった。

また，運動会，遠足などの行事もあり，これらも，子どもの表現のイメージを膨らませ表現活動につながるものとして活かされている。

第8週〔あたため，啓示期〕：この週以降，発表へ向けての活動が具体性をもって始動する。「地球」から，子どもの発想やイメージを膨らませるために絵本を読んだり共同での大きな火山の壁面作りにも挑戦する。ここでの活動は，自他の発想や動きの違いを認め合い（地球からの連想語をみんなで出し合う，イメージに合った動きの模倣や発見），子どものアイディアを生かして流れを考える（山や火山，芽が伸びて花が咲くというアイディア）など，保育者と子どもとが“課題の提示と課題解決”を繰り返し，そのやりとりの中で双方に揺り動かしが可能になり，“もっとこうしたい”“こうしたら本物に近づける”という新たな課題がたち表れた週と位置付けられる。

第9週：この週は，子どもの中に本物への好奇心，探究心がわきあがった週と位置付けられる。例えば，子ども同士の会話の中に生き物の観察の話題が挙

がり（「僕，家で研究してくるよ」「何を？」「魚とか犬とかいるし」），など進んで本物を観察する様子がみられた。また，「世界に一つだけの花」の絵では，前述したように，保育者は「生まれてくる作品の共通点として，どこか今までの表現活動とつながっていること」を感じ，また，動きの場面では「朝のイメージ，創り出した華たち，子どもたちの動きに大きく影響」と，共通のテーマをもった表現活動が，個性的でありながら相互に影響をもつことを記録している。子どもの中で自然に総合的な表現へとつながっているとみることができる。

　第10週：パフォーマンスに向けて，動きの強化（「顔まで固まる」「イルカの泳ぐシーンを映像で見るとTが昨日のSのよう！と発言。友達の動きも感じつつ自分も表現」）や，イメージの強化と共通化（火山や海のビデオを鑑賞），"演じる─観る"関係性への気付き（年少，年中児へ，クラスの中で）をさらに促している。本番直前まで，型として規制するのではなく，子どもたちの身体に息づくイメージの発現として，パフォーマンスの部分を強化し，同時に，全体への一貫性を求めて表現が追究されている。

　第11，12週：保育者の記録には，「パフォーマンスの絵。少し難しいテーマと思っていたが予想に反し…布の中に入り込んでいろいろな色に見えた海，火山の噴火，しっかりとイメージの中で表現したことが伝わってくる。頭の中に見えた，身体で感じて世界を描ける彼らに感動」と，発表後の子どもの新たな表現について記し，発表としての一つの終結は，また，新たな子どもの育ちへとつながったと考えている。

　このプロセスは，動きの表現の発表を目指したものではあるが，この活動を通して，子どもたちは「自分たちの力で遊びや活動を進め」「工夫して遊びこんで」と，主体的に工夫して遊びを進める姿や「ゆっくりとした時間の流れ」や「落ち着きが感じられ」「表現活動，あの，30分の集中力立派！」などが顕著で園生活に自然な流れができたことも記されている。

　このように，表現活動に関して抜粋した記録から，そのプロセスでは，子どもの発想やイメージを生かすために，子どもたちと保育者が試行錯誤を重ねたこと，子どもたち自身がみつけた表現を探究し続けたことがわかる。また，発

表という結果を通して，この活動の子どもへの深化・内在化で他の表現領域や遊びに影響や変化が現れたことが読み取れる。継続性をもった表現の活動—プロセスは，今の自分を越えていく力を子どもたち自らが培っていく場であったといえ，結果を経ることは次のステージへの入口を広げることにつながると考えることができる。

（2）保育の構造から考える

この実践事例を通して試案的に保育現象に潜む諸要素を構造化したものが，図2-2である。

保育は子どもと保育者の信頼関係を基底に，保育の場において展開され，これと同時に，一人ひとりのありように大きく影響する異なる生活の場ももつ。

保育者は子どもとの生活からねらいや課題を設定し，発達を見極めながら日々

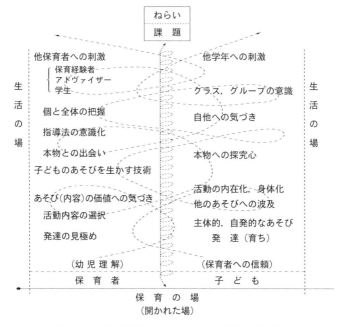

図2-2　保育実践から抽出された保育の諸要素

の実践を通してこれの再構築をする。子どもが自発的・主体的な遊びを展開する中で活動内容の選択が行われ，遊びの価値への気付きが促される。子どもの遊びを生かしつつ活動が反復・継続されることで，子ども自身のものとなり，探究心は本物との出会いによって一層の刺激を受ける。子どもの欲求に応じ，保育者は指導法の意識化や，子ども一人ひとりとクラス全体の把握をする。一方で子どもは，活動を通して自他に気付き，自己のクラス・グループへと意識が広がる。さらに，開かれた場としての保育の場は，他学年へも影響を及ぼし他の保育者への刺激ともなる。

　ここに挙げた諸要素は，ねらいや課題も含めて"揺らぎ"を繰り返しながら核心に向かって，子どもと保育者の間を螺旋状に往来していると考えることができるのではないだろうか。

　表現の育ちには，このような保育という現象を構成する諸要素のそれぞれがプロセスとして，互いに関連し相互に影響を与えている。これまで事例で述べたような，表現という試みや行為の中での新しい自分との出会いが子どもたちの中に経験として生かされ息づくには，これらの諸要素のありようを保育者はどこかで意識化していく必要がある。現在のアート教育の潮流を特別の能力をもったものにのみ開かれているわけではなくすべての子どもに開かれたものとして捉えるとき，日常生活や園生活に根を下ろし，保育の構造を照射した創造的行為—表出，模倣，創造を含んで—の循環的経験が子どもの育ちをさらに促すといえる。

■引 用 文 献

1 ）安村清美：「"表れ"から"表し"へ」'ALL THE CHILDREN' vol. 1，学校法人京急学園，2000

2 ）津守眞：「乳幼児期の発達課題と保育」，pp. 12-18，保育学研究第43巻 1 号，日本保育学会，2005

3 ）佐藤学・今井康雄編：子どもたちの想像力を育む　アート教育の思想と実践，p. 24，東京大学出版会，2003

4 ）大場牧夫：表現原論　幼児の「あらわし」と領域「表現」，p.148，萌文書林，1996

5 ）岡本夏木：幼児期，p.126，岩波新書，2005

6 ）安村他「保育内容の指導法に関する総合的なカリキュラム構築のための研究Ⅲ」平
　　成15年 5 月，日本保育学会発表，（入江，安村，小泉，内藤，平成12，13年度文部科学
　　省委嘱「教職課程における教育内容・方法の開発研究事業」（文教180号）報告書，平
　　成14年 3 月の一部）

7 ）安村・入江・内藤「保育の構造化に関する研究―動きの表現活動を中心に」鎌倉女
　　子大学学術研究所報第 4 号，pp.45-59, 2004より改変して掲載
　　（保育実践者，週日案，保育記録：鎌倉女子大学幼稚部教諭上田陽子）

■参 考 文 献

ハーバート・リード，滝口修造訳：芸術の意味，みすず書房，1966

S.K. ランガー：芸術とは何か，岩波新書，1967

恩田彰：創造性開発の研究，恒星社厚生閣，1980

宮脇理：感性による教育，国土社，1988

津守真：保育の一日とその周辺，フレーベル館，1989

松本千代栄：表現の教育，pp.2-7，女子体育34-8，1994

鯨岡俊：原初的コミュニケーションの諸相，ミネルヴァ書房，1997

高森俊：子どもの絵は心，創風社，2004

第3章
子どもの豊かな表現を引き出す保育者の役割

 人は誰でも自分を表現して生きている。その意味で表現は生きることを構成する一要素であるといえる。しかし、人は生まれたときから豊かな表現力をもっているわけではない。それは、子どもが他者と共に生きることを通して培われるものである。この章では、子どもに特に強い影響を与える保育者の存在を「表現」の視点から考える。

1. 豊かな環境をつくる

 子どもから表現が生まれてくるには、表現として表したい内容があることが必要である。それは体験により蓄積される。したがって、子どもの表現を育てるには、表現の素となる豊かな体験を子どもに保障することが大切である。そして、体験は子どもが環境にかかわることを通してなされる。環境いかんにより体験の内容や質が左右される。それゆえ、子どもの表現を豊かにするには、まず豊かな体験を可能にする環境を考えなければならない。

(1) 環境の豊かさ
 子どもが多様な体験をするには、環境に対して子どもが様々なかかわり方をすることが必要である。それは、環境が子どもの興味を引き付けるものとして子どもに対して現れることにより可能となる。すなわち、子どもの興味を引き付けることが豊かな環境の条件なのである。
 まず、保育者は、子どもが興味をもち、かかわりたくなるように、環境を構

成しなければならない。そのためには、子どもたちの興味がどこにあるのかを
しっかり把握することが必要である。子どもたちの興味に即し、それを満たし、
さらに発展させていけるように、環境を考えるのである。

さらに、子どものかかわりを促す環境は、現在の子どもの興味に合致している
ものだけではない。子どもの遊びが広がり、新たな表現が生まれてくるには、
今まで知らなかった表現手段に子どもが出会うことも必要である。それは、保
育者からの一つの提案として、保育者がデモンストレーションするなどして、
新たな表現手段を提示することによりなされる。

例えば、フィンガーペインティングは子どもたちの中から自然に生まれてく
る遊びではない。保育者が意図的にそのような表現手段と出会う機会をつくら
ないかぎり、子どもたちがその表現の面白さを知ることはない。しかし、ひと
たびその表現の面白さを知れば、子どもの表現の幅は広がり、今度は自分の選
択で新たな表現をするようになるのである。

このように、これまで関心のなかったことと出会う機会を用意することも環
境を考えるうえでは大事なことなのである。ただし、その際には、子どもの発
達状態を把握し、それにあった遊びと材料・素材を考えなければならない。

ところで、豊かな環境の基本は、子どもの興味を引き付けるものがいろいろ
用意されていることであるが、単に、様々なものが豊富にあればよいというわ
けではない。環境が意味をもつのは、その環境の下で何らかの遊びが行われる
ことにある。つまり、様々なものが遊びの中に活かされるかどうかが重要なの
である。何らかの遊びをする場合、必ずいくつものものが関連性をもって使わ
れる。例えば、空き箱で何かを作る場合、空き箱・はさみ・セロテープ・ビニー
ルテープ・フェルトペン・色紙などが必要なものとして関係してくる。言い換
えれば、それらのものが関連性をもつことにより、製作という活動が生まれる
のである。

したがって、環境が豊かであるということは、様々なものが関連性をもって
子どもに捉えられるということなのである。すなわち、諸物の関連性がたくさ
ん見いだされ得るということが、環境が豊かであるということなのである。そ

れゆえ，環境を構成する際には，子どもたちが諸物の関連性を容易に発見できるように，それらを配置することが大切なのである。

（2）子どもの環境への自由なかかわりを認める

環境の中に子どもが様々な関連性を見いだすことで，その関連性に対応した遊びが生じる。子どもが実際に様々な遊びを展開できるためには，関連性を見いだした環境に自由にかかわることができなければならない。たとえ面白い関連性を発見しても，諸物を使うことが禁止されていたり，大きく制約されているのであれば，遊びは生まれてこない。それゆえ，原則として，環境へのかかわりが自由に行えることが大切なのである。

さらに，諸物の関連性は，保育者の環境構成により固定されたものとして子どもたちに与えられるわけではない。子ども自身の発想で諸物は自由に関連付けられもする。そうして，創造的な遊びが生まれるのである。子ども自身により環境に新しい関連性が生みだされるのは，子どもが環境に働きかけそれを変化させることによる。子ども自身が環境を変えることを通して，新しい関連性をつくり出すのである。それはときとして，新しいアイディアの閃きとして生じる。そして，遊びが広がったり変化していくのである。

例えば，遊戯室に保育者が用意しておいた巧技台，跳び箱などを使って，子どもたちがアスレチックコースを作り，その上を渡り歩いて遊びだしたとする。そのうち，誰かが数日前に段ボール箱でこしらえたクジラや船に目を留めてそれを持ち込んだ。すると子どもたちはアスレチックコースの周辺を海に見立てて，巧技台や跳び箱の上から海に飛び込んで遊び始めた。これは，子どもたち自身が環境を変えて遊びを展開した例である。

このように，遊びの中で子どもの創造性が発揮されることを保障するには，子どもが環境をつくりかえる自由を認めてあげることが大切なのである。

２．子どもの心身を解放する

　子どもが自己表現するためには，自然に，のびのびと表現できるような心身の状態にならなければならない。それは，保育者が子どもの心身を拘束するものから解き放ってあげることにより可能となる。

（1）内面が自ずから表れる

　まず，子どもの表現が育つうえで大事なことは，表現したいと思ったときに躊躇することなく即座に内面が表現されることである。

　入園当初によく見られる姿であるが，子どもが硬い表情をしてたたずんで友達の遊んでいる様子を見ていることがある。そのような子どもは表現したいという思いが弱いので，それが表情や仕草になって出てこないのである。むしろ，これをしたいという思いがあっても，その思いを押し殺してしまい，外に表さないというべきであろう。

　子どもの表現が豊かに育つためには，子どもの思いや気持ち，感情などが抑制されることなく，自然に表に出てくるようになっていることが大切である。その内面の表出が抑制されてしまうのは，子どもが緊張するなどして心身が拘束されているからである。心が拘束されていると，周囲の環境や出来事に心を動かされることは少なくなる。そのため，感動したり喜んだり驚いたりすることや，強い興味がわくこともなくなる。それは表現したい事柄が子どもの中に生まれてこないことを意味する。

　また，心と身体は一つに結び付いているので，心が拘束されていれば，当然，身体も動かなくなる。すなわち，内面を表すための身体的行動が生じにくくなるのである。したがって，子どもの内面が自ずから表れてくるように，子どもの心を解きほぐし，心が動くようにしてあげることが大切なのである。

（2）身体が自然に動く

　表現するということは，内面を何らかの身体的動作により示すことである。したがって，表現が豊かになるということは，表現する身体が自然に自由に動けるということなのである。

　例えば，子どもは嬉しい気持ちになれば，自然に笑顔になり，飛び跳ねるなどの動作をする。また，その嬉しい気持ちを友達や保育者に言葉で伝えようとする。軽快でリズミカルな音楽がかかれば，自然にそれに合わせて踊ったり，動き回ったりするし，歌ったりもする。これらはすべて，身体によりなされている表現動作・表現行為である。

　このように，すべての表現は身体によりなされるのである。それゆえ，子どもの表現を豊かにするためには，子どもの身体が自然に動くようにすることが大切なのである。

（3）温かいまなざしを向ける

　以上のように，子どもの表現を育てるためには，子どもの心身を解放し，心も身体も自由に動けるようにしてあげることが必要である。それには，保育者が子どもに対して温かいまなざしを向けることが必要である。

　緊張している子どもは，周囲の環境や人々との間に親しいかかわりが十分にもてていないことが多い。そのために，その場で安心して思いのままに生きることができないのである。まずは，自分らしくいられるという安心感をもつことが，子どもの心身の拘束を解き，自由な表現を生むのである。

　温かいまなざしは，それを向けられた子どもに対して，自分がそこに存在すること自体を優しく受け止め，認めてくれていると感じさせてくれる。温かいまなざしは子どもを評価するまなざしではなく，その子どもそのものを認めるまなざしなのである。それゆえ，子どもは自信をもって自分らしく生きることができるのである。

　また，温かいまなざしは，子どもに対して相手の好意を感じさせる。相手が好意をもって自分にかかわってくれていると感じさせてくれるのである。人は

自分に好意を示してくれる人に対しては，親しい感情を覚え，嬉しい気持ちになるものである。したがって，子どもは温かいまなざしを向けてくれる保育者に対しては自然に親密感を感じるのである。人に対して親密感を感じるということは，すでに子どもの心が解きほぐされ，動き始めていることを意味する。

　こうして，温かいまなざしの下に，子どもは自信をもち生き生きと生きることができる。さらに，子どもは緊張から解放される。そして，心も身体も柔軟に動き，自然に身体が内面を表現するようになるのである。それゆえ，子どもの表現を育てるための大前提は，保育者が子どもの存在そのものを認める優しさをたたえた温かいまなざしを，常に子どもに向けるように心がけることなのである。

3．子どもの表現を受け止める

　子どもの心身が解放されると，子どもは自然に表現をするようになるのだが，そうして生まれてきた表現をさらに豊かなものに育てるためには，保育者はその表現を受け止めてあげる必要がある。

（1）表現そのものの受容
　一口に子どもの表現といっても，その表現は多様である。表現の手段が多様であるだけでなく，表現される内容も多様である。子どもは，イメージや体験した出来事，考え，感情など，様々なことを，言葉や仕草や表情，描画や歌や製作などの表現行為などの様々な手段により表現する。表現内容自体，漠然としたものから明確なものまで多岐にわたる。したがって，子ども自身が何を表現したいのか明確になっていないことも多いのである。表現技術は大人に比べると，はるかに未熟である。2，3歳児の絵などは，何を描いたものなのか第三者には容易にはわからないことが多い。それでも，当の本人は何かを表現しているのである。

　このように，幼児期の子どもの表現は，必ずしも大人が容易に理解できるも

のばかりではないのである。保育においては，子どもの種々多様な表現を素直に伸ばしてあげることが重要である。

まず，保育者は子ども自身が表現しようとしている内容そのものを認めてあげなければならない。例えば，いも掘りの体験を絵に描く場合，子ども自身の実際の体験と保育者が推測した子どもの体験はずれている。そのことに気付かず，保育者が自分の考えるいも掘りの体験を子どもに描かせようとするなら，それはもはや子ども自身の表現ではなくなる。たとえ，子どもの表現する内容が保育者のイメージと異なっていたとしても，保育者は子ども自身の表現しようとするものを受容しなければならないのである。

次に，保育者は子どもの表現手段とその技術を認めてあげなければならない。子どもの表現を育てるということは，保育者が自分と同じ，ないしは自分の好きな表現手段と技術を子どもに身に付けさせるということではない。保育者自身が身に付けている手段や技術は非常に限られたものである。保育者自身が好きな表現も限られたものである。それらは，いわば保育者個人の偏見といってもよい。子どもの表現を豊かにするためには，保育者の個人的偏見に彩られた狭い考えを子どもに押しつけてはならないのである。

例えば，絵には，写実的なものもあれば抽象的なものもある。遠近法を使ったものもあれば平面的なものもある。人により好みの違いはあるが，どの技法を使った絵がより優れているというものではない。表現の技術は多様であってよいし，どのように表現するかは表現する人自身が決めるべきことなのである。まずは，子ども自身が自分の好きなように描くことが大事なのである。幼い時期から，保育者の個人的考えから特定の技術を教えようとすることは，子どもの絵を型にはめることになりかねない。もしも保育者がそのように絵の指導をするなら，子どもたちは保育者の意に沿うように絵を描くようになり，自分の発想で自由に絵を描くことをしなくなる。それは決して個性的表現を育むことにはならないであろう。

以上のように，幼児期においては，表現の内容に関しても，表現の手段と技術に関しても保育者の考えに合うように指導するべきではない。子どもの創造

性を育むためには，表現そのものを受容することが大事なのである。

（2）意欲の受容

　子どもの表現を育むためには，子ども自身が自分を表現したいと思うその意欲を高めてあげることが必要である。そのためには，表現しようとした子どもの意欲そのものを認めてあげることが大切である。

　大人は物事を「良い－悪い」「上手－下手」などと評価する目で見やすい。特に，教育的意識にたった場合には，評価する意識が強くなる。そういう意識で保育者が子どもの表現に接した場合，もしも子どもが自分の表現を否定的に評価されていると感じるなら，その子どもは表現意欲を喪失することにもなりかねない。

　通常，保育者は子どもの表現に対しては，「力強いね」「きれいだね」「おもしろいね」などと，肯定的に評価する言葉を言う。間違っても「下手だ」などと否定的な言葉は言わないだろう。そのように気を付けていても，保育者の応答が子どもの行為を否定していることはよくある。例えば，2・3歳児のように言葉での表現がうまくできない子どもに対して，保育者が子どもの言語表現を繰り返し言い直す対応をするなら，その子どもが自分の表現を否定されていると感じる可能性がある。子どもがそのように感じると，「あっちにいって」と保育者を拒否することもある。

　このように，保育者自身は子どもの表現を否定しているという自覚はなくても，保育者の応答が結果として子どもの表現を否定的に評価していることになる場合がある。子どもの表現を育てるためには，まず子どもが表現したこと自体を認めるような応答をすることが大事である。そして，子どもが自分の表現が否定されていると感じることがないように，常に気を付けなければならないのである。

（3）共　　感

　子どもが自分の表現が認められていると感じるのは，肯定的評価をされる場

合だけではない。もちろん，「うまい」とか「すごい」と肯定的評価をすることは子どもを喜ばす。いわゆる「ほめる」ことは教育や保育においてはよく使われる手段である。それにより，確かに子どもは意欲的になる。しかし，子どもは必ずしも人にほめられたいから表現するわけではない。むしろ，子どもは自分の表現を誰かに見てもらえることだけで嬉しいのである。見てくれる人が自分の気持ちに共感してくれることの喜びが子どもを意欲的にするのである。

　人は誰でも悲しいときに誰かが一緒に悲しみ泣いてくれると，悲しみが癒される。そして，嬉しいときに誰かが一緒に喜んでくれると，一層嬉しい気持ちになる。つまり，誰かが自分と同じ気持ちになってくれること（共感してくれること）が，「わかってもらえた」という意識を生むのである。それが，一方で癒しをもたらし，一方で喜びを増幅するのである。そして，人はわかってくれた人に対して，心を開き，自分を表現しようとする気持ちをもつのである。つまり，共感は人の表現意欲を高めるのである。子どもの場合も同様である。

　子どもは保育者がそばにいると，自分が今作ったものや描いた絵を，「みて」と言って笑顔で保育者に見せる。そのようなときに，子どもの笑顔に保育者が同じように笑顔で応えるだけでも，子どもは満足し，さらに製作や描画に打ち込むだろう。また，園庭に咲いた花に見入っている子どもに，保育者が同じように見入って「きれいだね」などと言ってあげると，その子どもは微笑むだろう。そして，それを絵に描くかもしれない。

　このような保育者の応答は，子どもの気持ちへの共感を含んでいる。このような共感の積み重ねが，徐々に子どもの表現意欲を高めるのである。

4．子どもの表現を共有する

　子どもの自己表現を支えるためには，保育者が子どもの表現の共同者としてかかわることが大切である。一般に，保育者が遊びの仲間として参与することで子どもたちの遊びが活発に展開することがあるように，子どもの表現活動においても，保育者が参与することでその意欲を支えることができるのである。

（1）体験・イメージを共有する

　まず，保育者が子どもの表現活動の仲間，つまり共同者となるためには，表現の素となる体験やイメージを子どもと共有することが大切である。体験やイメージは内面の問題なので，全く同じ体験やイメージを共有することは困難であろう。しかし，子どもと体験やイメージを共有しようと努めることは必要である。

1）体験の共有

　保育者が子どもの表現行為を支えるためには，表現を理解できなければならない。つまり，子どもが何をそこに表現しようとしているのかがわからなければならない。それは子どもの体験を理解していることにより容易になる。

　保育者が子どもたちの遊びに参与しているなら，保育者は子どもたちと同じように驚いたり，感動したり，面白いと感じることができる。つまり，体験を共有することができる。例えば，園外保育で保育者が子どもたちと一緒に行動し，子どもたちがどのような体験をしたのかを理解しているのなら，それを表現した子どもたちの絵に内的世界を容易に読み取ることができるだろう。そして，子どもの表現に自然と共感することができるのである。それゆえ，保育者が子どもと同じ体験をすることは重要なのである。

2）イメージの共有

　体験が表現の素であるとすると，イメージはその表現の素をどのような形で知覚できるようにするか，心の中で描いている設計図のようなものである。このイメージを表現行為を通して，子どもは表すのである。

　このイメージは必ずしも明確であるわけではない。それは子どもたちの協同的遊びを見ているとよくわかる。例えば，大型積み木で「基地」を作っている子どもたちは，漠然とした基地のイメージを共有しているだけであり，細かな基地のイメージを共有しているわけではない。しかし，子どもたちはそこにできつつあるものは「基地」であるという了解をして，遊びを展開しているのである。したがって，漠然としてはいてもイメージを共有していることが大事なのである。

保育者が子どもたちの共同者としてかかわることにより，保育者は子どもの行動や，そこにできつつある製作物の形を通して，子どもが表そうとしているイメージをある程度は理解することができる。さらには，子どもたちとの会話を通して，保育者は子どものイメージをよりはっきりと理解することができる。そのことは，当然，子どもへの共感を強めるし，子どもの表現意欲を高めることにつながるのである。

（2）表現を共有する

　保育者が子どもと同じことをすることにより，子どもとの間に親密感がわき，子どもと共同者の関係が生まれ，子どもが生き生きと遊び出すことはよくあることである。表現においても同じことがいえる。つまり，保育者が子どもと同じ表現をすることで，子どもの表現活動が展開することがあるのである。

　例えば，一人で紙に何かを描いている子どものそばで，同じような絵を描いてみると，その子どもが保育者が自分と同じことをしていることに気付き，やりとりが始まる。つまり，今まで一人で絵を描いていた子どもが，一緒に描く仲間ができたことで，より生き生きと描くようになるのである。このことは他の表現行為・活動に関してもいえることである。

　このように，保育者が子どもと同じ表現をしてみることで子どもの表現意欲が高まることがあるのである。そして，表現を共有することで，共同での表現活動が展開することになる。それゆえ，表現活動がより創造的になる可能性が高まるのである。

　また，表現を共有することは，必ずしも保育者が子どもと同じ表現活動を行うことだけを意味するわけではない。それは，子どもの表現活動の参加者となることである。

　例えば，子どもが絵を描いているとき，保育者自身は絵を描かなくても，子どもの描画に関心を向け，その子どもの元にいるなら，自ずから子どもと保育者の間には絵にかかわる会話が生じる。その会話と一体となって描画は展開する。この場合，保育者はその子どもの描画の参加者となっているといえるので

ある。

このように，保育者が子どもの表現に関心を向け，子どもの元にいることが子どもの表現活動を支えることになるのである。

（3）表現を媒介する

保育者は個々の子どもと表現を共有するだけではない。保育者は個々の子どもと表現を共有することを通して，子どもたちの間にその表現を媒介してもいる。つまり，複数の子どもたちと保育者が表現を共有するように，保育者は子どもたちに働きかけているのである。

例えば，先に触れたように，大型積み木で基地を作っている子どもたちは，必ずしも明確なイメージをもっているわけではない。保育者がその製作に共同者として参加しながら，子どもが作ったものを「それがコンピュータなんだね」などと言葉に表現してあげることにより，子どもたちの製作しているもののイメージが具体化され，子どもたちに共有されていくことになる。それにより，子どもたちの共同性はより強いものになるのである。

また，子どもが空き箱などで作った製作物に保育者が関心を向けてあげ，その製作物を巡って会話をすると，周囲にいる他の子どもたちの関心を引くことになる。そのことにより，子どもたちの間にかかわりが生じ，複数の子どもたちが一緒に製作をするようにもなる。こうして，作るものは違っていても，子どもたちは表現を共有するのである。

このように，保育者は子どもと表現を共有することを通して，自分自身が媒介となり，子どもたち同士が表現を共有する働きをしているのである。

5．子どもの表現を理解する

保育においては，子どもを理解することは基本である。「表現」という特定の分野においても，それはきわめて重要な働きをしている。特に，表現に関しては，理解はその創造性にかかわっているのである。

（1）未分化で曖昧な表現

　一般に，私たちは何かを製作する際には，設計図を描いたりして，完成した姿を明確にしたうえで，製作に取りかかるものと考える。実際に，大人の製作活動はそのようになされることが多い。その場合，製作（表現）されるものが最初から明確なのであるから，最終的に製作されたものも，それが何であるのかは明確である。

　一方，子どもの場合はどうであろうか。4.（1）（p.43）で述べたように，子どもの表現活動においては，子どもは最初から，最終的にそこに生み出そうとしているものを明確にイメージとして描いているわけではない。もちろん，「粘土でクッキーを作ろう」と言って，粘土遊びを始めることもある。その場合は，作り出そうとしているものは最初からはっきりしている。しかし，一方では，粘土の感触に惹かれ，捏ねているうちに何かができてくることもあるのである。この場合は，表現したいものが最初は決まっておらず，遊んでいる過程で後からはっきりしてきたといえる。

　総じて，子どもの遊びは最初から終わりまで目的が決まっていることは少ない。同じものを使って遊んでいても，少しずつ遊びの内容が変化していくことは非常に多い。例えば，始めは紙をはさみで切ったり，手でちぎることが面白くて遊んでいたのが，そのうち切った紙を上に放り上げて舞い落ちることが面白くなることがある。この場合，子どもの関心が変化しているのであるから，遊びの内容は変わったといえる。

　このことからもわかるように，遊びは必ずしも始めから内容が決まっているわけではないのである。表現活動は遊びの中で行われるものである。したがって，表現したいことが未分化で曖昧なまま，子どもたちが活動を始めることも多いのである。

（2）子どもの表現に意味を与える

　上記のように，子どもの表現は，当の子ども自身が何を表現しているのかはっきり認識しておらず，曖昧なままなされることがある。つまり，漠然としたイ

メージを抱いて表現を始めたり，目にした様々な素材に惹かれ，それで何かを
したいという目的がまだ生まれないままにその素材にかかわり始めることも多
いのである。例えば，普段目にしたことのないしわだらけの新聞紙の山を見た
途端に，子どもたちは身体ごと飛び込んだり，投げ上げるなどのかかわりを始
めるだろう。このような素材へのかかわりは，何をしたいのかをよく考えたう
えでのことではない。それは衝動的なものである。それゆえ，子ども自身がそ
のかかわりで表現したいものを必ずしももっているわけではないのである。

　このように，子どもは必ずしも自分の表現の意味（表現しようとしているこ
と）を自覚しているわけではないのである。もしも，保育者のかかわりにより，
子どもがその意味に気付くなら，子どもはそれを意識的に明確な形に表すこと
ができるようになる。それは保育者が子どもの表現を理解しようとすることに
よる。

　保育者が子どもの遊びに参加し，子どもの表現を理解しようとしているのな
ら，例えば，子どもの仕草や動作にも何らかの意味を見ようとする。そして，
保育者が捉えた意味を，自然に言葉に表して子どもに伝えようとする。例えば，
子どもの仕草がチョウチョに似ていると，保育者は思わず「チョウチョみたい
にきれいだね」と言うだろう。保育者がそのように言葉で表現したことは，子
どもの仕草に明確な意味を与えたことになる。そして，子どもがその意味を喜
んで受け入れるならば，そのときから子どもは自覚的にチョウチョを表現する
ようになるだろう。さらに保育者がそれに応答することで，表現は一層豊かな
ものとなって展開するだろう。

　このように，保育者が子どもの表現を理解しようとすることを通して，表現
の意味の明確化が始まるのである。そして，保育者が子どもの表現に意味を与
え子どもがそれに応じるという，子どもと保育者の相互応答の過程で，その明
確化は進行し，活動が深まっていくのである。

（3）表現が創造的になる

　上記のように，保育者が理解したことを子どもに伝えることにより，子ども

がそれまで気付いていなかった自分の表現の意味に気付くということは，そのときに表現の意味が新たに生まれたということである。それは表現から新しい意味が生まれるという点で，表現が創造的であるということである。

　実際に子どもたちの遊びを見ていると，子どもたちが設計図もないのに素晴らしいものを作り上げる場面によく出会うものである。例えば，次のようなことがあった。

　あるクラスで，一人の子どもが段ボール箱を「家」に見立てて遊び出した。すると，他の子どもたちも段ボール箱で家を作り始めた。各自が形も大きさも異なる段ボール箱を運んできては，好きなように家を作る。カッターで大きな窓や扉を作る子どももいれば，フェルトペンで色を塗る子どももいる。細かいところまで細工をする子どももいれば，単純な作りで満足し，「お家ごっこ」を始める子どももいる。それぞれの家を合体させてより大きな家を作る子どもたちもいる。「お店」へと変化していく家もある。子どもたちは互いに刺激し合いながら，大人の発想を超えるような家を作っていったのである。

　このように，遊びの中では子どもたちの創造性が発揮されやすい。保育者が共同者として子どもの遊びにかかわり，その表現を理解し意味を付与してあげることにより，子どもたちの創造性をさらに刺激することができるのである。

6．保育者自身の表現性

　園生活において，表現しているのは子どもたちだけではない。保育者もまた表現する者である。子どもたちが互いに影響し合い，それぞれが創造的な表現を生み出しているように，共に生活するものとしての保育者自身の表現も子どもたちの表現に影響を与えている。それゆえ，子どもの表現を豊かにするためには，保育者自身の表現性も重要なのである。

（1）豊かな感性
　表現が生まれてくるためには，周囲の環境や現象に心を揺さぶられることが

6．保育者自身の表現性　　*49*

必要である。つまり，些細なことに心を動かされるような繊細な感覚・感性が大切なのである。子どもの表現を豊かにするためには，感性を豊かにすることが，一方では大切なのである。

　保育者が豊かな感性を備えているならば，周囲の環境の些細なことに心を動かされ，感動したり驚いたりするだろう。そして，感じたことは言葉や仕草となって表現される。子どもたちは，その保育者の豊かな表現に触れることができる。そのことにより，子どもたちは周囲の環境の面白さ・素晴らしさ・不思議さなどに気付き，それらに積極的に目を向けられるようになる。そして，些細なことに感動したりできる感性が豊かになるのである。子どもたちは感じたことを即座に表現しようとするから，感性が豊かになることは表現も豊かになることを意味するのである。

　このように，保育者の感性は子どもの感性に影響を与える。したがって，保育者が自分の感性を豊かなものにすることは，子どもの表現を育むうえで非常に重要なのである。

（2）自由な発想

　子どもにとって保育者は常に注目の的である。保育者が子どもたちに示すものは，容易に子どもたちの関心を引く。それゆえ，保育者が自由な発想力をもっているなら，子どもたちは大きな影響を受けるのである。

　自由な発想とは，枠にとらわれない考え方をすることである。それは常識を越える発想をすることなので，人々を驚かし，感嘆させ，関心を引き付ける。引き付けられた人は，自分も常識を越えるような発想をしたいと思う。そのようにして，自由な発想は，それに出会った人の発想を自由なものへと変えるのである。

　保育者が枠にとらわれない発想をするなら，保育者の提示することに子どもたちは新鮮さを覚えるだろう。子どもたちは，それを「面白い」と思い，想像力を刺激される。そして，自分の中に生まれたイメージを意欲的に表現しようとする。

例えば，新聞紙に穴を空けてかぶることで衣服になることを知ることは，子どもにとっては新鮮な発見であろう。また，それをしわだらけにすれば，さらに面白さが増すだろう。そして，子どもたちはそれにヒントを得て，独自の工夫を始めるだろう。このような経験は，布でなくても衣服にできるという知識を得させてくれる。それは，発想の幅を広げることになる。

このように，保育者の自由な発想は子どもの表現意欲を刺激するのである。それゆえ，保育者自身，多様な経験をし，自由な発想力を身に付けることが大事なのである。

（3）豊かな表現力

保育者が面白い発想をしても，それが目に見える形で表現されなければ意味がない。それゆえ，保育者の表現力も重要である。

この表現力は，造形や音楽などの芸術的な表現力だけではない。お話を読んであげたり語ってあげるなどの口語表現力や仕草や動作で内面や形態を表す身体表現力なども含む，総合的な表現力である。

保育者は子どもと一緒にいるときに常に表現している。その意味で表現力は特別な力ではない。誰もがもっている力である。その力が子どもの遊びを充実させる。

例えば，ごっこ遊びの中で保育者が赤ちゃんになったり，お客になったりすることがある。保育者がこれらの役をそれらしく演じることで，ごっこ遊びが楽しいものになる。役をそれらしく演じる中に，口語表現力も身体表現力も発揮されている。保育者が表現力を発揮することで，子どもも表現力を発揮し役をそれらしく演じ続けるのである。したがって，保育者の表現力が遊びを充実させるといえるのである。

このように，遊びにおいて，保育者は表現力を働かせて子どもにかかわっている。そのかかわりの中で，保育者が様々な表現を子どもに示すことで，子どもは多様な表現形態に接することができる。そして，それにより表現された多様な内容に触れることができる。そのことが子どもの感性を刺激し豊かにする

のである。それゆえ，子どもの表現を豊かにするためには，保育者自身が豊か
な表現力を身に付けることが大切なのである。

■参考文献

1）岩田純一・河嶋喜矩子編：新しい幼児教育を学ぶ人のために，世界思想社，2001
2）津守真：子どもの世界をどうみるか，日本放送出版協会，1987
3）西村拓生・竹井史：子どもの表現活動と保育者の役割，明治図書，1998

第4章
生活の中の表現

1．乳幼児期の表現を育てるとは

（1）乳幼児期の表現

　本章では，0～3歳くらいの乳幼児期にある子どもの表現をこの時期の育ちと共に捉えていく。幼ければ幼いほど，子どもの行動のある部分を切り取って表現と銘打つことは難しく，またそれでは乳幼児期の表現を捉えるうえで不十分であろう。音楽的表現，身体的表現，造形的表現と後から銘打つことができる活動もあるが，それは大人の解釈上の問題である。なぐり書きや音の出るおもちゃで遊ぶ行動だけが，この時期の子どもの表現なのではない。津守は「われわれが知覚する子どもの行動は，子どもが心に感じている世界の表現である」[1]と述べ，行動は表現であるという認識に立たなければ子どもの世界の本質は捉えられないとしている。この認識は，乳幼児期の表現を考える際に，非常に重要である。幼い子どもは，何かを表現しようなどとは意識することのない世界で生きている。子どもの内面はいたるところで意図せず外へ向かってあふれ出ている。表情や声のトーン，目の輝き，全身の筋肉の動きなど，子どもの内面が表れるところ，表されるところすべてが，乳幼児期の表現である。

（2）表現の考え方

　子どもの行動を表現と捉えると，子どもがそこにたたずんでいる姿から，演劇表現といったものまで，幅広い子どもの行動すべてが表現という言葉で表されることになる。大場[2]は，「人間として存在することそれ自体を広い意味で

1. 乳幼児期の表現を育てるとは　53

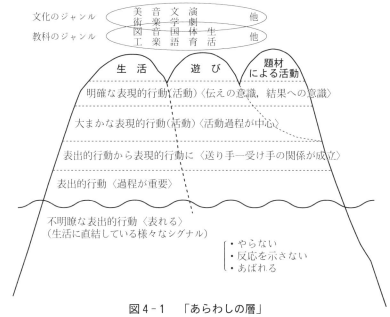

図 4-1　「あらわしの層」

（大場牧夫：新保育内容シリーズ　表現原論　幼児の「あらわし」と領域「表現」, p.179, 萌文書林, 1996）

の『表現』」と捉え，そのことを「あらわし」という言葉を使用して，考察している。その中で大場は，図4-1に示した「あらわしの層」にみられるように，表現にはいくつかの次元があるとしている。

　まず,「不明瞭な表出的行動」とは,「あらわそうという子どもの意志とは関係なく，むしろ内面があらわれてしまう」こととし，子どもが何もしないでじっと立っているというような，積極的に表現しなくなっているネガティブな状態もここに含まれる。その上にある「表出的行動」というのは，行動の受け手を意識せずに「自分が出すことそれ自体を非常に心地よく感じてやっている行動」としている。一人で楽しそうに歌を歌っている姿や，一人で人形相手にぶつぶつ言いながらごっこ遊びに浸っている姿など，不明瞭にあらわれているのではなく意識的にあらわしていることを指す。下から3番目の層の「表出的行動か

ら表現的行動に」とは，表現をしている子どもがその受け手を意識した段階のものである。例えば，一人でお団子作りをしていた子どもが，近くに寄ってきた保育者に食べてもらうことを意識し，食べさせようとするとき，表出的行動から表現的行動に変わっていくとしている。その上の層の「大まかな表現的行動」というのは，子どもの中に作り上げるものに対する意識や目標は明確でありながら，作っている行動そのものを楽しんでいる状態のことを指し，「明確な表現的行動」とは，劇遊びや生活発表会のときの誰かに見せたいという意識が子どもの中に働いているものを指す。

　本章で扱う0～3歳の子どもの表現は，この大場の「あらわしの層」で示される下の3層部分に当たる。つまり，子どもの内面が無意識に表れている状態（不明瞭な表出的行動）から，相手を意識して表していく行動（表現的行動）までを扱い，それらすべてを子どもの表現とする。

（3）乳幼児期の表現を育てる視点

　それでは，この幅広い子どもの表現を育てようとするとき，どのような視点で子どもを捉え，かかわることが重要になるのだろうか。

　第一に，子どもの育ちを全体として捉える視点の重要性が挙げられる。乳幼児期の育ちの大きな特徴のひとつは，様々な発達的側面が環境からの影響を受け，複雑に絡み合いながら進むことである。子どもの表現も，身体機能や言語といった発達的要素，親子関係をはじめとした環境的要素など多くの要素が絡み合う中で育っていく。子どもの表現はすべて，それまでの子どもの育ちと密接にかかわっており，そのときの子どもにとっての今を表している。つまり，子どもの表現とは，子どもの育ちを全体として捉える視点をもつことでその意味が立ち表れてくるものである。

　第二に，子どもの内面への視点をもつことが重要である。大人が大人主導の考えでどんなにすばらしい表現活動を子どもに提供したとしても，子どもの心が自ら動き，表れる活動でなければ，子どもの表現を育てることにはならない。例えば，表現力豊かな子どもに育てたいと大人が考え，おもちゃで遊びたい子

どもにクレヨンを握らせることは子どもの表現を育てることにはならない。クレヨンが使えるように準備してあり，また安全に使えるように大人が目を配る中で，子どもが何とも知らずに手を伸ばすそのときの心の動きが，子どもの表現をひろげるひとつの出会いをつくっていく。決して大人が幼い子どもの手をとってクレヨンを握らせることによって，表現が育つのではない。子どもがそこで何を体験し，何を感じ，何を表現しているのか，という子どもの内面への視点をもつことが乳幼児期の子どもの表現を育てることにつながるのである。

（4）生活の中の表現を捉える

　本章では，0～3歳くらいの乳幼児期における，生活の中の表現を取り上げる。その際，これまで述べた乳幼児期の特性を踏まえ，子どもの育ちの全体性の中で表現を捉えるということと，子どもの内面を捉えるという二つの視点を重視していく。子どもがそれぞれの育ちの時期にどのような表現をし，その表現にはどのような意味があるのか。また，子どもと表現を育てるために，大人がそれに対してどう捉え，どうかかわるのか。これらのことを次節以降三つの節で考えていく。

　まず，第2節では，乳児期における子どもの表現について，基本的信頼[*1]や自己[*2]の育ちをひとつの観点として捉えていく。そのうえで，子どもの行動を表現と捉えることにどのような意味があるのか，具体的に考える。

　第3節では，子どものひろがりと表現のひろがりについて考察する。子どもは，様々な他者や物との出会いやかかわりを通じて，身近な大人以外の人に自分を受け入れてもらう体験をしていく。その中で，子どもが自分の生きる世界をひろげ，表現をひろげていくことを捉える。

　第4節では，子どもが自分にとって重要な体験を表現することについて考察

＊1　基本的信頼：生後すぐの養育者との関係の中で経験される安心感，安全感などを通して出現するもの[3]。
＊2　自己：他者とは区別された自分が明確に意識される自己の誕生は3歳頃とされている。本章では，それ以前の育ちのプロセスを取り上げる。

する。幼ければ幼いほど，子どもは無意識の世界との境なく内面を表現していく。自分という存在を揺るがしかねない重大な事柄に出会ったとき，子どもは繰り返し自分の内面にあるものを表現しなければいられなくなることがある。それは例えば，排泄の自立であり，保育所等への入所といった身近な大人との分離である。身近な大人がその危機を共にし，共に乗り越えるためには何をしなければならないか，考えていく。

　なお，本章では，乳幼児期の子どもの生活を捉えるために，ある母親の育児記録を事例として取り上げ，考察する。

2．子どもの行動を表現と捉える

（1）生理的なものの表れ－大人が共にいることの意味

　生まれて間もない赤ちゃんは，何かを訴えてホアーホアーと泣く。空腹や眠気を感じては泣き，オシッコが出るなど不快なことがあるとまた泣く。身近な大人は，「お腹がすいたのかな？」「眠いのかな？」「気持ち悪いのかな？」と，赤ちゃんの泣きが何の表れ*なのか探りながらかかわっていく。つまり，赤ちゃんが生まれたそのときから，大人は自然と赤ちゃんの泣きを内的世界の表れとして受け止めているのである。表現しようと意識することのない世界で，赤ちゃんの中の何かの表れとして出てきた泣きを，大人が「どうしたのー？」と温かい声でやわらかく抱き上げたりしながらきちんと受け止めることが，赤ちゃんを人として育むことになる。それが，乳幼児期で最も重要である，身近な大人との信頼関係をはぐくむ基盤となると同時に，子どもの表現者としての育ちの第一歩となる。自分の内的世界の表れをきちんと受け止めてもらえると身体の様々な感覚を通して知っていくことは，安心してありのままの自分を外へ向けて表現することができるということにつながっていくからである。

＊　表れ：本章では，無意識に外見的に表れており，相互のやりとりではなく一方的に発信されているものを「表れ」と表記する。

2. 子どもの行動を表現と捉える　　57

　赤ちゃんは次第に，泣くだけでなく笑うようになってくる。おっぱいを飲んで空腹が満たされるとニーッと笑ったり，うんちが大量に出るとニコニコしたりする。つまり，生理的な快感によって微笑むようになるのである。赤ちゃんの満足そうな微笑みをみると，大人は育児の喜びを一段と感じ出す。「お腹いっぱいになったの」「うんちがいっぱいでてよかったねー」と声をかけ抱いて，赤ちゃんが感じているであろう心地よさをまるで自分のことのように嬉しく感じながら，触れ合っていく。

事例4-1　初めての笑顔　生後1か月
　前日からゲップが出ず，そのためか，機嫌が悪く眠れない。午前3時頃からぐずっていたカユリを抱きあげ，ゲップを出させようとするも出ない。その後，授乳しているときも空気をゴキュゴキュ飲んでいる音がしたが，途中2度特大のゲップが出る。しばらく抱いていると，カユリはニッコニコ笑顔になる。ものすごくかわいい笑顔をずいぶん長いこと見せていた。初めて見る表情。はっきりと「快」を示す。

　何ということはない日常のひとこまだが，ゲップが出にくい赤ちゃんとその母親にとっては夜も眠れない一大事なのである。赤ちゃんはゲップがうまく出ず，横になると気分が悪くなるのか機嫌が悪い。母親は心配しながらも眠れない時間が続き，疲労がたまっていく。親子とも身体的に辛い状況が続いていたのだが，大きなゲップが2回出たことで状況は一転する。生理的な快感が初めて笑顔という表情に表れ，母親はそれを見て「ものすごくかわいい」と記録している。初めて見るわが子の笑顔にほっとして，喜んでいることが伝わってくる。
　このように母親と赤ちゃんは泣くも笑うも身体的に一体となっており，赤ちゃんが生理的に快状態になると，母親がその快を共に味わうのが生後間もないこの時期の基本的な親子関係である。身近な大人は，赤ちゃんの感じているであろう快感を自分のことのように心から喜び共感する。
　このとき，赤ちゃんの内的世界の表れがもつ意味は，不快を訴えて大人に解

決してもらうきっかけとなるだけにとどまらない。大人は赤ちゃんの何とも知れない表れを受け止めて，赤ちゃんの不快をなんとかしたいと心を砕きながら共に過ごす。つまり，この事例でいえば，母親は赤ちゃんがなぜ眠れないのか，本当のところはよくわからないのである。ゲップが出ないからか，お腹が痛いからか，それとも他に何か原因があるのかないのか，よくわからない。その中で，どうも不快らしい赤ちゃんとどうすることもできない時間を，いつ終わるとも知れないまま何時間も共に過ごすのである。赤ちゃんを抱いたりあやしたり，おむつを替えてみたりおっぱいをあげてみたりする。赤ちゃんが余計に泣き出すこともあるかもしれない。それでも，母親は赤ちゃんの不快をなんとかしてあげたいと心配しながら，赤ちゃんを胸に抱くのである。このように，赤ちゃんがどういう状態であろうとそのままを受け止め，受け入れるということが，存在そのものを受け入れるということである。大人がよくわからない赤ちゃんのある表れに対して，戸惑い，迷い，あれやこれやと試しながら共にいるということ自体が，赤ちゃんにとっては意味がある。なぜならそれは，自分という存在が他に受け入れられていることを知る重要な体験となるからである。

　赤ちゃんはそのようなことを意図して泣いているのではもちろんない。しかし，これから育っていく存在としての重要な体験が，単純にみえる生理的な表れの中に含まれているのである。このような日常生活の積み重ねが，赤ちゃんの自分を表していくことに対する安心感を次第に育んでいくことになると考えられる。

（2）かすかな表れ―表現と受けとる意味

事例4-2　声を言葉と受けとる　新生児期（生後0か月）
　今日で生まれてもう半月経った。朝6時頃目覚めておっぱいを吸っていたが，私（母親*）がよそ見をしたときにおっぱいから口がはずれ，「あー」とカユリが言った。泣き声や寝息，のびをするときのうーんという声とは違う「あー」というかわいい言葉だったように思う。

2. 子どもの行動を表現と捉える　*59*

　生後間もないこの時期は，このように赤ちゃんと身近な大人は生理的に自他が一体となった中で生活している。生理的な事柄に日夜振り回されながらも，共にいる大人は，赤ちゃんの意図しない何かの表れを「何か意味のあるものだ」と受けとる。そこには，赤ちゃんがこれから社会的な存在へ育っていくことへの，大人側の意図しない無意識の期待がある。

　ここでは，授乳の際たまたまおっぱいが口からはずれたときに発せられた「あー」という声を，母親が言葉の表現として受け止めている。生理的な発声とは異なるものを感じ，嬉しさと共に記録しているのである。「あー」という声を言葉と受けとるということは，「あー」という声に「何かはわからなくとも何らかの意味がある」と，共にいる大人が感じているということである。赤ちゃんがこれから先，生理的なことだけでなく気持ちや意志といった意味のやりとりをする存在に育っていく期待のふくらみを感じているのである。このような赤ちゃんのかすかな表れを表現と受けとり，人としての成長を感じる大人がいることで，赤ちゃんは自分の行動が人との関係の中で何らかの意味をもつことを体得していくのである。

　赤ちゃんはこのように生まれて数か月の間，まったく意図のない世界で何かを表出しながら生きているだけのようにみえる。しかし，大人が右往左往しながらそれを丁寧に受け止めたり喜んだりすることで，赤ちゃんは自分という存在が受け入れられていることや自分の行動が他に影響を与えるということを，様々な感覚を通して知っていく。これらのことが，子どもが自分を外に向かって表現していくことの土台となっていくのである。

　やりとりの生じた時点では，一つひとつの大人の行為が赤ちゃんのどのような成長につながっているのかわからない。しかし，日常の細かいやりとりの積み重ねは，赤ちゃんの成長というかたちでしっかり反映されていくのである。ここに，大人が赤ちゃんの何かの表れに対して，一つひとつ共感をもって丁寧に接していくことの大きな意味がある。

＊　本章の事例中の「私」はすべてカユリの母親である。

(3) 人に対して自分を表す―やりとりの世界へ

> **事例4-3　やりとりの始まり　生後1か月**
> 　夜，泣かずに目を覚ましたカユリを祖母が見て，「泣かずにおっきしたんですか。珍しいですねー」と満面の笑みで抱き上げ，身体をやさしくゆすって笑いかけた。すると，カユリはニッコニッコニッコニッコよく笑った。「あ，笑った」と，祖母がまた笑いかけて「面白いんですか」と身体をゆするとまた笑った。祖母はうれしそうに何度も繰り返し，カユリは何度も笑った。やりとりで笑ったのは初めて。
>
>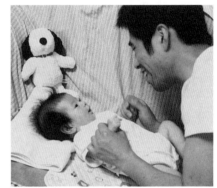
> **やりとりで笑う**

　偶然に起こったことでも，そこに成長を感じたり意味を感じたりすることで，大人は赤ちゃんとかかわることに喜びを見出す。赤ちゃんは自分の存在が喜ばれていることを五感を通して感じながら，より積極的にやりとりの世界へと入っていき，次第に表現する喜びを知っていく。

　ここでは，大人の働きかけに対する反応として，赤ちゃんが笑っている。赤ちゃんは，身体をゆすられる快感も自分の存在が喜ばれている快感も，一緒に感じながら笑っているかのようである。これまでは泣きや生理的な笑い，そしてかすかな表れと感じられるもので一方的に発信されていた赤ちゃんの状態が，明らかに相互のやりとりという関係の中で発信されている。この赤ちゃんの笑いには，人との関係の中で自分を表していくという，社会的存在への育ちが芽吹いている。大人はその大きな成長に感激し，同じことを何度も繰り返しては赤ちゃんを笑わせる。両者の間には，心地よさや笑いといった快の循環が生じる。つまり，自分の中にある快を外に向かって表していくことが，相手に肯定的に受け止められ，さらなる快が得られることにつながる。赤ちゃんは，繰り

2. 子どもの行動を表現と捉える　*61*

返される日常の中で，笑うという行動によって引き起こされるこの心地よい循環を体験的に知る。

　赤ちゃんがやりとりで笑うようになってくると，大人は嬉しくておもちゃを取り出して遊んだり，小さなことで話しかけたり，赤ちゃんの身体をやさしく動かして遊んだりする。赤ちゃんは身体全体で一つひとつの刺激を受け止めながら，大人とかかわることで心地よさや楽しさを感じるようになっていく。

　この頃はまだ赤ちゃんは自分ではまだ物をつかむことができない。一人で横になっているだけでは何も動かない世界に赤ちゃんはいる。しかし，大人とのやりとりによって，声や音や光といった様々なものが動き出す。そこで感じる楽しさの積み重ねが，身近な大人に対する期待へと育っていく。やりとりの中で一方的に受身であるかのように感じられていた赤ちゃんが，しっかりと自分を表すようになり，やりとりの発信者として成長していく。

事例 4 - 4　　相手に向けた表現の獲得　生後 2 か月
　カユリはこちらが何もしなくても，近づいただけで微笑みかけるようになった。「ご機嫌ですねー」と身体を触りながら言うと，また笑う。私がそばにいるとメリーを見ていても笑うが，私が隣の部屋に行くとすぐに泣く。戻るとニコニコする。嬉しい。本当に毎日様子が違い，日々成長しているのを感じる。

　ここでは，赤ちゃんが最も身近な大人である母親に対して，その姿を見ただけで微笑むようになっている。そして，母親はそういう赤ちゃんの様子を見ると微笑みかけられているように感じ，嬉しくて思わずそばに寄っていき「ご機嫌ですねー」と声をかけ身体に触れる。それまでは生理的な不快を感じて泣くという行動と，大人からの働きかけで笑うという行動が主であったのが，赤ちゃんが大人に微笑むという行動によってやりとりが始まるようになっている。この微笑みは，何かに対する反応の表れという単純なものではなく，母親との関係の中で微笑みかけるというひとつの社会的行動として成り立っており，親しみや期待といった意味の感じられる表現へと育っている。もはや，赤ちゃんは外からの働きかけを待っている存在ではない。自分を積極的に相手に表してい

き，自ら心地よい世界をつくり出すことのできる存在に育っている。

　母親がそばにいれば一緒に遊んでいなくてもご機嫌なのに，母親の姿が見えなくなると泣く。赤ちゃんにとっては，母親がそばにいるということが自分の世界を楽しいものにする支えであるかのようだ。母親の方は，少し離れると泣かれるので大変ではあるが，自分の存在が赤ちゃんにとって重要なものになってきているのを感じ，嬉しく思っている。つまり，大人が自分の存在価値を赤ちゃんの表現から知るのである。赤ちゃんの好意的な表現が，大人のより積極的な育児行為を引き出し，絆を強くしている。ここで起こっていることは，大人があやす－赤ちゃんが笑うという単なる行動のやりとりではなく，赤ちゃんと大人の内面にあるお互いを求める気持ちのやりとりである。

（4）自分で動かす世界へ

事例4-5　身体・物との出会い　生後3か月
　1週間前のカユリは，よくギューッと両手のこぶしを胸の前で握っていたが，ここ数日両手を合わせて握るようになり，いろいろに指を組んだりしている。昨日初めておもちゃを握ったが，今日は小さなガラガラを右手に握らせておいたら，自分で左手も使い，両手で握っていた。

握る

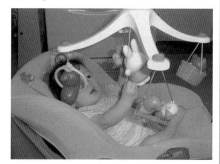
動かす

　この頃の赤ちゃんは，まるで全身が目であるかのように，大人がおもちゃを動かして見せるとじーっと見入る。自分ではまだ何も握れないときにも，大人が遊んでみせる様子を集中して見ることで遊びを体験しているかのように見え

2．子どもの行動を表現と捉える　63

る。赤ちゃんは寝たままの姿勢でもよく身体を動かし，また自分の手の動きを熱心に見つめるようになる。次第に，自分で物を握れるようになると，子どもは自分で楽しむ世界を体験し出す。

自分の身体をいろいろに動かし，その動きをよく見つめ，また手を口に入れてなめたりしているうちに，少しずつ自分の身体というものに出会ってい

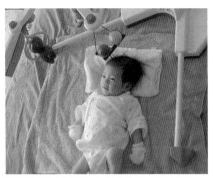

じーっと見入る

く。そして，自分の意志と筋肉の動きが協応するようになり，物が握れるようになる。物を自分で操作する世界との出会いである。物を握ったり振ったりなめたりかんだりしながら，子どもは自分で動かし楽しむ世界へと入っていく。例えばこのとき，おもちゃを振るとカラカラと音が鳴るかもしれない。規則的に振ると，音にリズムが生まれるかもしれない。しかし，それにもまして重要なことは，その楽しさや面白さをきっかけとして，自分の身体の動きや様々な物に子ども自身が出会っていくということなのである。このような身体や物との出会いは，赤ちゃんが身近な大人とは別の自己の世界をもち始めることにもつながっており，独自の表現世界をもつことの基礎となっている。このことは一見表現活動とは無縁のようにみえるが，自己の世界の始まりという意味で重要な意味をもつ。自己の世界の確立こそがその子らしい表現の土台となるからである。

子どもの発達はすべてが複雑に絡み合い，影響し合っている。ここに子どもの育ちを全体性の中で捉える意味がある。乳児期の表現を育てるということは，一人ひとりの子どもを丁寧に育てること以外のなにものでもない。子どもが発している何かを丁寧に受け止めて返していくことや，楽しく心地よい空間の中で，子どもが自分の身体と人と物との体験を積み重ねていくことといった，乳児期の子どもとの生活そのものが，子どもの表現の育ちにつながっていくのである。

（5）大人の思いとのズレを表現する

　赤ちゃんは毎日身体をいろいろに動かし，物をいろいろに動かす日々を過ごすうちに，身近な大人とは別の自己を明らかにするようになる。そして，赤ちゃんが自己を表現し始めると，当然赤ちゃんが楽しみにして期待していることと，実際に大人がとった行動とにズレが生じるようになる。

事例4-6　不満を表現する　生後6か月

　おむつ替えのときにじっとしていないので，片手で小さな絵本を見せて読み聞かせながら替えている。今日，ウンチのおむつ替えの際，いつも読み聞かせている絵本を最後の2ページだけ見せて読み，片付けるとアアーンと不機嫌な声を出して怒った。「ああ，ごめんごめん」ともう一度絵本を取り出して，最初から全部読むと落ち着く。

　この事例では，赤ちゃんは期待していたことが実現しなかったという思いを，母親に対して不機嫌な声を出して訴えている。その不機嫌な声には，赤ちゃんが母親とは異なる自己をもっていることが表現されている。つまり，赤ちゃんはこのときすでに母親から独立した精神世界を明確にもっており，自分の思いを相手に伝えるための表現を獲得しているということがわかる。大人は明確になってきている赤ちゃんの自己との間で，大人側の行為を軌道修正しながらかかわっていくことになる。そのやりとりの中で，赤ちゃんが求めていることをより正確に知り，大人は自分とは別の人格である子ども独自の世界の支え手になっていく。

　この事例における赤ちゃんの不満の表現は，きっと大人に受け止めてもらえるという信頼関係を基になされている。つまり，生まれてからこれまでの間に，自分を十分に受け止められる体験を積み重ねてきて初めて，笑いという肯定的な表現だけでなく，不満を表すという相手を否定する表現ができるようになっていったのである。

（6）「自分で」の世界へ―自立へ向かう子どもと表現

　それまでは，大人に受け止められることを中心としたやりとりの中にいた子どもが，次第に「自分でやる」と大人の手を振り払うときがくる。それまで子どもに寄り添ってきた大人は戸惑うことも多いが，当の子どもも揺れ動きながら成長している。このことは，様々なかたちで表れてくる。

事例4-7　うまくいかないと怒る　生後1歳1か月

　カユリは最近自分の意に沿わないことがあるとすごく怒る。食事のときににんじんばかり食べるので，他の物を手渡すと背中を反り返らせてキーッと怒る。やりとりができるようになってきた一方で，やりとりの中で何かうまくいかなくて泣いたり怒ったり。それまで機嫌がよくても，大人が何かで笑うと突然背中を反らして泣くこともよくある。

　自己の世界をもち始めた子どもは，次第に自分の気持ちといったものが意識されるようになってくる。ところが，言葉や他の表現で，自分の気持ちが相手にわかるように伝えることができない。そこで，うまくできないという行動の問題だけでなく，大人の行為と自分の気持ちとのズレや，自分の気持ちが伝わらないもどかしさなどのため，以前にはなかったような激しい泣き方をしたりする。大人が考えるものとは異なる自己がさらに明確になってきているのである。そばにいる大人は子どもの変化に戸惑いながらも，なんとか子どもの気持ちを汲もうとあれやこれやと工夫することになる。

事例4-8　自分で歩きたい　1歳1か月

　自分で歩くのが楽しい様子。手押し車で歩くとき，私が方向を変えようと手を添えると"一人でやる"という感じで手を払いのけようとする。これまでは私が方向を変えて行ったり来たりしていたが，自分で方向を変えられるようになり，いろいろなところに歩いていく。ふとしたときに，私がカユリの手をとろうとすると，手押し車の方を指差す。「自分ひとりで」というのがいいらしい。

自分で歩けるようになると，子どもの世界は一気に広がっていく。家の外に出ても，抱っこやベビーカーで移動していたときとは異なり，自分で歩き，様々な物を触ったり探索したりすることができる。大人はその分危険を避けるために先回りし，「そこは危ない」「それは汚い」とつい子どもの動きを止めたくなってしまう。しかし，自分で歩き回り，興味をもった物に自分で

「あっちへ行く」と指差す

近づき，自分で触り確かめることの楽しさを知った子どもは，どんどん自分の世界を広げ「自分で」と表現するようになる。この事例では，手を払いのけたり，指差しをしたりすることで，大人の意図とは異なる子どもの意志を身体で明確に表現し，伝えている。大人の側は，子どもがなるべくけがをしないよう配慮をして，見守ることが重要になる。明確に自分でやりたいという意志を伝えたからといって，一人でできるということではないからである。大人に見守られている安心感の中で，子どもは未知の世界を探索するのである。未知の世界は怖さも含んでいる。それまでは恐怖に感じなかったことが，一人で歩き出した頃，急に怖くなることがある。上機嫌で歩き回っているときに飛行機の飛ぶ音がして，泣いて大人のところまで急いで帰ったり，大人から少し離れて歩いているときに近所の人に話しかけられて動けなくなり泣いてしまったりする。この時期の子どもは，「自分で」と表現し，大人に守られた世界から外へと歩き始める一方で，外に出る不安もしばしば表現し，大人に守られる世界へと帰ってもくる。つまり，自立と依存という二つの世界の間で揺らぎながら生活している。身近な大人は，子どもの外へ向かう気持ちと不安をそのつど受け止めて支えることが重要である。子どもは安心できる基地（身近な大人の存在）があることを確認しながら，徐々に自分の世界を広げていくのである。

ここまで，子どもがこの世に生まれてから1歳くらいまでの育ちと表現をみてきた。行動を表現として捉えるということは，生まれたときからの細かな声の調子や表情，身体の動きを「なんだかよくわからないけれど，きっと意味があるのだ」と子どもの内面の表れとして受け止めることである。大人が一つひとつの行動のもとにある子どもの内面を感じとろうとすることである。子どもは，自分の行動を表現として受け止められ，その内面を大人に丁寧に受け止められる中で，身近な大人との基本的な信頼関係を築いていく。そして，その信頼関係を基に，自己を外へ向かって表すことへの安心感や楽しみを獲得していき，次第に，身近な大人とは異なる自己を明確に表現するようになる。

子どもの表現を育む基礎は，これまでみてきたような細かな淡いやりとりを十分かつ丁寧に行い，人に対する信頼感，人に受け止められる喜びを育てることである。このような大人との関係に支えられた基本的な育ちによって，その子らしい表現の土台がつくられるのである。

3．子どものひろがりと表現のひろがり

（1）子どもと出会う

子どもは成長と共に，自分で物とかかわり，子どもとかかわり，人とかかわる世界を楽しむようになっていく。生まれて数か月もすると，他の子どもの声がする方に顔を向けるようになる。公園で他の子どもたちが遊んでいるのを，じーっと見入る。赤ちゃんを二人向い合わせて座らせると，「うー」「うぁー」と喃語でしゃべりだす。そうやって他の子どもに惹かれるように，身近な大人と密着した世界から少しずつ外へ向かって自分の世界をひろげていく。子ども同士で展開する世界には，大人との世界とは全く異なる感覚の響き合いや新たな楽しさがあるようだ。大人ではなく，自分により近い存在に自分の気持ちや表現を受けとってもらうことは，その子どもが自信をもって自己を発揮できる世界をひろげていくことにつながっていく。

1）遊ぶ存在に出会う

　大人ではない子どもの動きに出会う。遊びを通して出会う。物を介してかかわる。音を介してかかわる。自分の物を自分でない小さな存在が触る動き。子どもがそばにいるということは，それ自体が刺激であり，このうえない喜びと楽しみのようである。

事例4-9　喜びが身体いっぱいに表れる　生後6か月

　いとこのミキ（1歳6か月）が，飛行機に乗って初めて遊びに来た。カユリはおすわりが少しできはじめたが，まだ座っているとよろっと横に倒れる。それでも初めてみるこれ以上ないほど楽しそうな表情で横に座り，ミキがカユリのおもちゃで遊ぶのをみては足を突っ張らしてお腹にぐっと力を入れてキャーッと笑い興奮している。ミキから「どーぞ」と積み木を渡されると手を伸ばして受けとる。音の出るおもちゃで音を鳴らしながらミキの母親が「おもちゃのチャチャチャ」を歌いだすと，ミキも楽器を手にして歌い，カユリも手に持った楽器をブンと振ったり口に入れたりしながら興奮して笑っていた。ひとつのことがらを介して他の子どもと遊んだのは初めて。

他の子どもの遊びを興味津々で見る

　それまでにも他の子どもには出会っていたが，まだ自分で動けない時期で近寄られると怖がって泣いたりしていたようである。このときカユリは，母親が見たこともない表情で子どもと共にいることを喜び，手足をばたばたさせたり足の指までぐっと力を入れたりしている。このカユリの全身の筋肉の動きに，遊ぶ子どもといることの楽しさと興奮が表れている。

　ここでは，カユリが「おもちゃのチャチャチャ」の歌にあわせて楽器を振っている。音を介した子どもとのかかわりともいえるかもしれないが，そのこと

3．子どものひろがりと表現のひろがり　　*69*

自体がカユリの表現の育ちとして重要というよりも，共に楽しむ相手としての子どもに出会っていることが重要だろう。自分とは異なる子どもの遊びと表現に出会い，それを楽しむことがこのうえない喜びとなっており，その感激が身体全体の筋肉の動きに表れている。新たな喜びとの出会いで，新たな表情も生まれている。子どもとの喜びに満ちた出会いが，カユリの気持ちや動きを豊かにしていることがわかる。

2）惹かれあう

　生まれの近い子ども同士，言葉はなくとも惹かれあう。少し自由になり始めた身体の動きが，そのままその子の気持ちの動きである。

事例 4-10　興味がそのまま表れる　生後 8 か月
　　散歩しているとときどき出会うコウジ（9 か月）に，今日も出会う。ベビーカーを並べて散歩していると，突然カユリがコウジの方に手を伸ばした。それに気付いたコウジがカユリの方に手を伸ばし，手を握り合う。その後，カユリはコウジのベビーカーの突起部分を，コウジはカユリのベビーカーの突起部分をさわる。公園のベンチに二人を座らせると，ハイハイができるコウジがハイハイしてカユリに近づいてくる。ハイハイがまだできないカユリはじーっとその様子を見ているが，そのうち手をコウジの方へ伸ばす。

　おっとりしたタイプの子ども二人が，互いの方に手を伸ばす。カユリの手の動きはカユリのコウジへの興味の表れそのものであり，それに呼応するように手を伸ばしてきたコウジも同じであろう。手を握り合ったときには，初めて感じるやわらかさとあたたかさがあったことだろう。まだ幼い子ども同士のかかわりは，このようにゆっくりと，しかし突然に起こり，身体の動きとじっとみつめる目がそのときのその子のすべてであるかのようにみえる。二人は相手の表情や身体の動きから何かを感じているかのように呼応し，響き合っている。そこには，大人の介入や言葉など必要のない子ども同士の世界が生まれている。そばにいる大人は，子どもが動き出したときに動いているだろう子どもの気持ちを感じながら，ゆっくりと見守っていたい。

3）親しさの中でやりとりする

　大人との十分な信頼関係を築いた後には，子どもは子どもの世界へと入っていく。必要な手助けはしながらも，子ども同士の気持ちのやりとりが十分に味わえるように配慮したい。

> **事例4-11　一緒にいたいと表現する　生後1歳7か月**
> 　ときどき公園で出会うクミ（3歳）とマイ（1歳11か月）きょうだい。カユリはよくかまって遊んでくれるクミに親しみを感じてきているようで，クミが公園に来ると喜ぶ。クミは公園にやってくると「カユリちゃーん」と駆け寄ってきて，砂場でおままごとを始める。カユリはクミが作ってくれたものをいただきますのポーズをして食べるふりをする。クミが遠くに離れているとそちらを気にして見たり，タイヤブランコにいると一緒に乗せてもらいに行ったりする。クミがボールを持って離れて行こうとすると，カユリは「ア，ア」とクミの方に手を伸ばす。「クミちゃんとおててつなぎたいの？」と私が聞くと「うん」と答える。二人で手をつないで歩き，川の魚がはねるのを見た。その後もクミのすることをまねしたり，私から離れてクミについて回ったりしていた。
>
>
> **親しい間柄では手をつなごうとする**

　カユリは，大人ではなく子どもと何かを共有する楽しみを，毎日の生活の出会いの中で感じるようになってきているようである。この事例では，カユリに気持ちを寄せて遊んでくれるクミがカユリから離れていこうとするときに「ア，ア」と手を伸ばす。「ア，ア」では，「ボールちょうだい」なのか「一緒にボール遊びしたい」なのか，その意味は他人には全くわからない。しかし，母親は日常の積み重ねの中でカユリの気持ちを感じ取り，「おててつなぎたいの？」とクミとの間をつなげている。この唐突にみえる「おててつなぎたいの？」と

いう声かけは，決してあてずっぽうに言っているのではない。実際に，その後のカユリの様子から，「ア，ア」と手を伸ばしたカユリの行動は，手をつないでクミと一緒にいたい気持ちの表現だったことがわかる。大人が子どもの表現を適切に読み取り，子どもの間をつなげていくためには，どのようなことが必要なのだろうか。

　同時期のこの母親の育児記録に，この頃のカユリが母親から離れることはまずなかったが，クミとであれば母親がそばについていなくとも遊びを楽しんでいたことなどが記録されている。母親が，このようなカユリのクミに対する気持ちを普段から読み取っていることや，カユリがこの頃親しみを感じている相手に対して手をつなぎたがると理解していること，そして，カユリの母親自身もカユリが子ども同士の間で生き生きと自己を発揮してほしいと願っていることなどが，母親の「おててつなぎたいの？」の声かけの基盤にある。

　子どもが生き生きと子どもたちの中で自己を発揮するためには，ときには大人が少し手助けすることも必要になる。その手助けは，子どもの気持ちを日々読み取ることや表現しようとしている内容を理解していること，子どもの発達への願いなどがあってこそ，子どもにとって適切なものになるのである。

　初めて子どもが大人から離れていくとき，大人の方が「大丈夫かな？」と後をついて行きたくなるものだが，子どもが安心して離れていくのであれば，少し離れて子ども同士の世界の展開を見守りたい。そこには，大人とのかかわりにはない刺激に満ちたやりとりがある。その中で自分の気持ちを受けとってもらえることは，子どもが自分というものを外に表現していくのに必要な自信と喜びをもつことにつながっていくだろう。

（2）物と出会う

　まだ寝返りがうてない赤ちゃんでも，暑い季節にうちわであおぐと手足をバタバタさせて喜ぶし，夕方の涼しい風に当たるとふーっと心地よさそうに目を細めたやわらかい表情になる。肌触りのよいタオルケットを波のように動かしている中に赤ちゃんを入れると，キャッキャッと喜ぶ。オルゴールの音に耳を

72   第4章　生活の中の表現

澄まし，物語る声がすると顔をじっとみつめて聞き入る。自分で動けない時期は受動的な出会いも，動ける範囲が広がるにつれて様々にひろがっていく。物との出会いは，子どもの表現をひろげる重要な要素であり，特に，水や砂などの自然物との出会いは尽きることのない興味とかかわりの循環があるように見える。

事例4-12　水をじっくり味わう　生後2歳2か月

　洗面所の手洗い場に栓をして水をいっぱいにためて遊んでいる。両腕を水の中で円を描くように動かしたり，ときどき蛇口から出てくる水を触ったりして，いろいろな水の感触を味わっているようだ。円を描くように手を動かしていると水の音がする。だんだんリズミカルになってくる。そのうち，両腕を上下，交互に水の中に打ち下ろしだす。ボチャンボチャンとリズミカルな音がする。水があふれそうなのでつい私が「しずかにしずかに」と言うと，水面をたたくようにピチャンピチャンとリズミカルに音をさせる。「しずか」と満足気。また蛇口から水を足し，コップについではそれも足し，洗面所は今にもあふれんばかりになる。洗面所上部に開いている排水口から水が流れ落ちる音がチョロチョロとするのを聞き，排水口に手を近づけてみるが，しばらくして栓を抜き，ゴゴーという豪快な音を聞く。また途中で栓をして，水をためてはぴちゃぴちゃとやって水をゴゴーと抜くのを繰り返し遊ぶ。

　5月の末の暑くなり始める季節に水を楽しんでいる様子である。水のひんやりとした感触，ためている水のやわらかい感触，蛇口から出る勢いのある水の感触，上から水を大きくたたいたときの感触，小さくたたいたときの感触，円を描くように水をかくときの感触や，直線的に水をかくときの感触，水の感触ひとつでもおそらく様々感触があるだろう。また，水の中で手を動かしたときの音，手を大きく打ち下ろすときに出るボチャンという水の音，小さく水をたたくときに出るピチャンという音，洗面所の排水口に流れ落ちるチョロチョロというかすかな音，蛇口から流れる水の音，コップに注いだときの水の音，栓を抜いたときのゴゴーという大きな音，水の音にも様々な音がある。ボチャンボチャンと書き言葉では同じでも，ボチャンという実際の音の響きは一つひ

とつ異なる。その一つひとつを自分の身体を通して体験し，水とかかわりながら音をつくり出し，リズムをつくり出している。

　大人はとかく物を使って何かの形を表そうとしてしまいがちだが，幼い子どもにおいては特に，その素材と心ゆくまでじっくりとかかわることが重要であろう。初めて砂場に座った子どもにとって，手のひらでさわさわと砂を触れるときの感触も，砂をぎゅっとつかんだときの手の中の充実も，ぱっと力を緩めるとさらさらと鳴る音も，すべてが砂という素材に出会っている瞬間である。子どもはその肌と目と耳と鼻とを通して，素材との間に起こる様々な新しい感覚を味わい，その素材を知り，その素材とのその子なりのかかわり方をつくっていく。大人はそこにあるであろう子どもと素材とのそのときそのときの新しい出会いに感覚を研き澄ませ，子どもが自ら始める素材との楽しみを十分に体験できるように，ゆったりとした心もちを用意したい。

　この節では，他の子どもや物との出会いを通して，子どもが大人と密着した世界からひろがりをもって自己を表していく様子をみてきた。子どもが少しずつ大人から離れ，他とのかかわりを深めていく時期，子どもが自ら心を動かし，身体を動かしていくことを大切にしたい。生きる世界と表現がひろがるような出会いを，子どもが十分に体験できるようにしたい。

4．重要な体験を表現する

（1）排泄の自立の時期
　子どもは，その成長の過程で，自己を揺るがしかねない重大な事柄に出会う。排泄の自立もそのひとつである。

　排泄の自立は，自然に身に付くものではなく，大人が意図的に根気よくおまるに座らせたり，トイレに連れて行ったりして，少しずつ身に付いていくものである。他の場面では子どもが自ら動くことを尊重した生活をしていても，排泄のこととなると大人主導にならざるを得ない。子どもは生活が変化させられ

る違和感や戸惑いからか，排泄に関する遊びをしきりにするようになる。トイレを描いたり描いてもらったり，トイレの順番待ちやおもらししたぬいぐるみの足元を拭いてあげるごっこ遊びをしたり。何かといえばトイレごっこといった生活になることもある。同じような遊びを繰り返す子どもに，大人の方が参ってしまうかもしれない。しかし，子どもが外側から変化を要求されるとき，子どもの内にあるものを十分に表現できるようにすることは，大人の重要な役割である。これらの繰り返される遊びは，変化を自分のものとして受け止めていくために必要だからこそ表現される。子どもが納得するまで遊びこめるように，材料や展開を準備したい。

事例4-13　トイレ描いて　1歳11か月
　おむつははいているものの，トイレに連れて行ってみている。最近しきりにトイレの絵を私に描かせる。その後，色鉛筆を人に見立てて，その絵の上で動かして遊ぶ。トイレの上に鉛筆を立たせ「シーシー」と言い，「ジャジャー」と言ってトイレを流すまねをさせ，手を洗うところに鉛筆を動かし「アブアブアブ」と言い，タオルのところで「フクシフクシ」と手を拭くように言っている。全部の色鉛筆を同じように動かしながら繰り返し遊ぶ。

母親にトイレを描かせて遊ぶ

母親が子どもをトイレに連れて行き始めた頃，この遊びは何日も続いている。

4．重要な体験を表現する　75

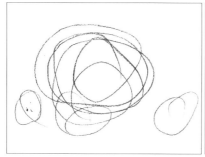
トイレの両脇に手を洗うところと拭くところを描く

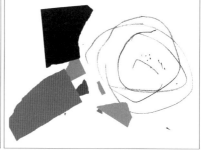
トイレ

　一日のうちに何度も同じ遊びをし，同じ遊びを何日も繰り返す。これらのことにはどのような意味があるのだろうか。

　お尻のところが開いていて違和感のある便座に座らされて「シーシー」と言う母親と向かい合う。それが一日何度か繰り返される。たまたまオシッコが出れば，「きもちいいねー」と言われて喜ばれ，少し嬉しい気分を味わうかもしれないが，いつもそううまくはいかない。主体的に生きることを支えられてきた子どもにとって，時々トイレに連れて行かれるという主体性のない行動の意味はなかなか理解できないのではないだろうか。しかし，そのオシッコが出ないのにトイレに座らされるという主体性もなく意味も感じられない事柄が，どうも母親にとっては重要らしいということは，母親の様子から伝わってくるのだろう。だからこそ，よくわからないもののトイレに座り，トイレごっこを何度も何度も繰り返すのである。同じ時期に，自分でもトイレを描くことや，ブロックでトイレを作って順番待ちごっこやおもらしごっこをすることも記録されている。様々な遊びを通してトイレに関する内的イメージを繰り返し表現することによって，この子どもなりに，「トイレに行く」ということを理解し，自分の中に取り込もうとしているように思える。

事例4-14 「もう赤ちゃんじゃなーい」 2歳0か月
　おむつをはいているときにはオシッコを教えないが、お風呂の前など裸のときは「オシッコ」と教えるので、おむつをやめてみている。ときどき「オシッコ」と言ってトイレに行き、うまく出ると、私が「すごいねー、ちゃんとトイレでオシッコできたー。もうかっちゃん、赤ちゃんじゃなーい」と喜ぶ。すると、カユリもニコニコとしている。そのうち、自分でもオシッコがうまくトイレで出たときには「もう赤ちゃんじゃなーい」と言って嬉しそうにしている。

事例4-15 「かっちゃん、赤ちゃん」 2歳0か月
　友人宅に貸していたベビーシートが返ってきた。それをみたカユリは「かっちゃん、赤ちゃん」と言い、もうはみ出てしまう身体を押し込んで赤ちゃんのふりをしている。「ミルク」と言い、私におもちゃのミルクを取ってもらうと満足気にミルクを飲むふりをする。私が「はい、赤ちゃん」とバスタオルをお腹のあたりにかけると喜ぶ。

「かっちゃん、赤ちゃん」

　排泄がうまくいくと母親がほめるので、少し誇らしいお姉さん気分を味わっているようである。「もう赤ちゃんじゃなーい」というフレーズを気に入り、自分でも言って喜んでいる。そうやって少しずつ自立し自信をもっていっている姿とはまるで反対のように感じるのが、同時期の事例「かっちゃん、赤ちゃん」である。子どもは自分が成長していることを感じ、自分自身そのことを喜

びながらも，まだまだ母親に依存したい自分が同居していることを素直に表現している。母親もそのカユリの様子を受け止め，赤ちゃんに接するようにタオルをかけて遊んでいる。このように，子どもが自立への変化を求められるとき，自分の中の赤ちゃんの部分も認められ，十分に依存できることを確認することで，安心してまた日々を過ごすことができるのである。

　また，この遊びで，カユリのまだまだ母親に依存したい気持ちが表現されているとすれば，カユリの排泄の訓練は少しがんばって背伸びをしている状態であることが読み取れるのではないだろうか。この事例のカユリは素直に自分を表現し，母親にも支えられているが，なかなか表現できない子どももいるし，理解の難しいかたちの表現になる子どももいるだろう。大人は，子どもの生活全体で見られる表現を関連させながらその意味を捉え，もう少し子どものペースに任せたり自立の時期を考え直したりするなど，子どもの気持ちになるべく無理なく過ごせるように工夫したい。

　自立というものは一方向に進むものではなく，自立か依存かという二極対立のものでもないだろう。自立心と依存心は常に同居し，その割合が成長と共に少しずつ変化するものであるようにみえる。ここでのカユリのように，子どもの生活には，あるときは自立心が表面に表れ，あるときは依存心が表面に表れる。その間を行ったりきたりする揺らぎの中で，子どもは少しずつ変化していく。その過程で，自信を味わう体験の積み重ねが重要であろう。そばにいる大人も急ぐことなく，そのときそのときの子どもの表現を受け止め，求められる抱っこを十分にしながら少しずつ手を離していけるようにしたい。

（2）信頼する大人からの分離

　子どもは，この世に生まれてから常に身近な大人との基本的信頼を基に生きている。ところが，保育所等へ入園するとなると，その子どもの生きる基盤となっている存在からの分離を迫られることになる。子どもは自分の世界の支えを失ったかのように不安を表現するようになり，生活の様々な場面でパニックを起こすようになることもある。そのようなとき，子どもは遊ぶことを通して，

78　第 4 章　生活の中の表現

今の自分にとって重要なテーマを表現する。

事例 4 -16　ママいってくるね　2 歳 2 か月
　保育園に入園して 1 か月が経った。ぬいぐるみ―子ども役，私―先生役，カユリ―母親役で，保育園の送迎ごっこ。子ども（ぬいぐるみ）を先生（私）に託して行こうとするカユリ。私が「ママも遊ぶ」とか「ママ抱っこ」とか言ってぬいぐるみをすがらせると，カユリは「ママ，オシゴトだからね」とか「ほら，お砂で遊んだら？　お外晴れてるから」「縄跳びぴょんぴょんあるよ」といろいろと声をかけて「じゃあね」と出て行く。帰ってくるとぬいぐるみを抱っこして「先生にバイバイして」と言う。

　保育園に入園した頃の育児記録には，母親が家の中で少しでも見えなくなるとギャーッと泣き叫ぶことや，外で担任保育者と同じような年齢の女性に出会うと泣き出すこと，他の子どもとのやりとりを怖がるようになっていることなどが記録されている。人に対する信頼感や安心感を失ってしまったかのような危機的な状態であったと思われる。

　カユリの体調不良や連休などでしばらく保育園をお休みした後，母親が「とにかく家にいると保育園ごっこである」と記録しているほど，保育園の送迎ごっこをするようになった。実際の保育園生活では，日によってはすんなりと母親から離れるようにもなり，母親が迎えに行くと「もうちょっと遊びたかった」ということも記録されている。この事例は，その頃の記録である。

　この頃のカユリにとって最も重要であったのは，保育園に登園する時に母親と共に揺れ動きながら別れる場面であったのだろう。保育園の送迎ごっこでカユリが母親役をすると，母親が「あれこれと言い聞かせる姿が私そっくり」と記録するほど，母親に自分が普段言われていることを再現する。遊びの中で他者になるということは，他者の目から状況を捉え直すことであり，ぬいぐるみにカユリ役をさせることは，他者の目から見た自分を知ることである。カユリは，このごっこ遊びを繰り返すことで，自分が直面させられている現実をなんとか理解しようとしていたのではないだろうか。

4．重要な体験を表現する　*79*

　現実場面でのカユリは，その後少しずつ母親から離れられるようになってい
く。ここに，子どもが子ども自身必要としている表現を十分にすることの意味
がある。繰り返される子どもの遊びには必ず重要な意味がある。十分に遊びこ
み，表現していく中で，子どもは日常の危機を越えていくのである。

（3）子どもたちの中での不安

　家庭で多くの時間を過ごしてきた子どもが集団生活に入るとき，その集団の
力や子どもの勢いに圧倒されてしまう子どももいる。そのとき子どもは，自分
が脅かされる危機を感じているのではないだろうか。

> **事例4-17　ケンカしよう！　2歳3か月**
> 　先週から「ケンカしよう！」と───とさそってくるカユリ。ある絵本の
> 場面で，クマとウサギが通園バッグを「これぼくの！」「わたしのよ！」と引っ
> 張り合うところをいたく気に入り，同じようなことをごっこ遊びでするように
> なった。毎日，小さな物を私と引っ張り合って「これぼくの！」「わたしのよ！」
> とケンカする。いつもカユリが物を手に入れ，私が泣く。その逆をしようとす
> るとやり直す。私が泣くと他の物をくれる。「それはイヤ」と私が言うと怒っ
> たりする。本気で怒っているようなときもある。

　保育園に通い出して2か月が経つこの頃，自分が使っているおもちゃを他の
子どもに触られるだけでウワーッとひっくり返って泣くことなどが記録されて
いる。保育園に入園するまでは，家庭の中や親に守られた中で近所のお友達と
遊ぶという生活をしており，自分の遊びができなくなるほど物を取られること
はなかったのだろうと思われる。
　現実場面ではカユリはケンカすることもできず，物を取られる恐怖で泣いて
しまうのだが，ケンカごっこの中では「これぼくの」と主張し相手を泣かせる。
立場が逆転するようなことが起こりそうになると，やり直したり怒ったりする。
保育園の送迎ごっこと同じように，逆の立場を演じることで自分や状況を捉え
直しているのかもしれないが，もっと自分の主張をしたいという願いもあるの

ではないだろうか。このケンカごっこを繰り返す日々を過ごすうち，近所の親しい子どもであれば物を貸せるようになっていったことが記録されている。

　子どもは，生活の中で揺らいだり，脅かされたりする体験をしたとき，自分の内面にあるものを表現せずにはいられなくなる。ここで取り上げたカユリは，主にごっこ遊びの中でそのときそのときの重要なテーマを繰り返し表現していたが，表現のかたちは子どもによって様々であろう。描画や造形かもしれないし，歌や音づくり，劇遊びかもしれない。身体的な動きかもしれないし，水遊びや砂遊びかもしれない。重要なことは，その子どもが自己を十分に発揮できるその子なりの表現世界をもつことである。大人は子どもの危機を感じたとき，子どもが様々に表現できるよう材料や環境を準備し，子どもとその表現をじっくりと共にしたい。大人がしっかりと受け止める中で，子どもが内面を十分に外に向かって表現できたとき，生活の中で出会った様々な事柄を乗り越え，楽しみと意欲をもってその子らしい明日へ向かっていけることだろう。

■引 用 文 献
　1）津守真：保育の体験と思索，大日本図書，pp.5-6，1980
　2）大場牧夫：表現原論―幼児の「あらわし」と領域「表現」，萌文書林，p.158，pp.178
　　　-185，1996
　3）岡本夏木・清水御代明・村井潤一監修：発達心理学辞典，ミネルヴァ書房，p.139，
　　　1995

■参 考 文 献
　阿部和子：乳幼児期の「心の教育」を考える―かかわりの中から見えてくる「自己」の
　　　育つみちすじ，フレーベル館，2001
　阿部和子編著：乳児保育―子どもの豊かな育ちを求めて，萌文書林，1995
　浜田寿美男編著：「私」というもののなりたち―自我形成論のこころみ，ミネルヴァ書
　　　房，1992
　岩田純一：＜わたし＞の世界の成り立ち，金子書房，1998
　岩田純一：＜わたし＞の発達―乳幼児が語る＜わたし＞の世界，ミネルヴァ書房，2001

第5章
保育の中の表現活動（1）
―造形活動を中心とする表現活動から―

　本章では，造形活動を「描いたり作ったりする活動」にしぼり，日々の保育の中で保育者がどのような役割を担い，どのような援助をしているのかについて，筆者自身の幼稚園での経験から事例を挙げて述べる。

1．造形活動を生み出すために

（1）造形活動を支える保育者の役割

　子どもは身近にある様々なものに興味をもち，自分から手に取って眺めたり，丸めたり，破いたり，組み合わせたりする。試行錯誤を繰り返し，なんとか自分のイメージを実現しようとすることもあれば，手に持っていじっているうちに作りたいもののイメージがわいてきて形になっていくこともある。また，水や土や砂などのように，作品として形に残すことは難しいが，触ること自体が心地よさや開放感を味わうことにつながる造形活動もある。

　いずれの場合も，造形活動で大切なことは，「自分から」環境にかかわろうとすることである。そのために保育者には，次のような役割を果たすことが求められる。

　第一に，思わず手を出したくなるような魅力的な環境を用意することである。それは，例えば，昨日まではなかった新しい素材であったり，作りかけの作品が置かれたコーナーであったり，保育者自身が楽しそうに描いたり作ったりする姿であったりする。また，絵本や物語，音楽や身体表現，遠足や観劇など，心動かされる教材や体験との出会いも，子どもたちを造形活動へと向かわせる

大切な環境である。

　第二に，子どもが様々な素材に触れ，その特性を感じ，それを使って自分の思いを表現できるよう，十分な時間を保障することである。細切れの時間の中で形にすることを求めると，試行錯誤しながら自分の思いを表現するまでに至らず，「先生の言うとおりにした」という受け身の経験になりかねない。その結果「先生のようにできない」「つまらない」「やりたくない」というように，表現する意欲を失い，描いたり作ったりすることが嫌いになってしまうことも考えられるからである。

　第三に，「何を」「いつ」「どのような形で」環境として用意し，「どのような言葉がけをするのか」，一人ひとりの経験の差や興味・関心に応じた対応をすることである。環境を用意し，十分な時間を保障しても，学級の全員が自分からどんどん描いたり作ったりするようになるとは限らない。入園前にすでに身近な大人から「上手」「下手」と評価されてきた子どももいれば，自由に描いたり作ったりするための環境（広告の裏紙ならいくら使ってもよいなど）を与えられていなかった子どももいる。そのような子どもたちが「自分から」表現しようという気持ちになるためには，一人ひとりに応じた教材の提示や言葉がけが必要である。

　第四には，描いたり作ったりするために必要な技術・技能（はさみやのりの使い方，絵の具や筆の扱い方など）を，一人ひとりが身に付けられるよう援助することである。ただし，技術・技能はそれだけを取り出して教えるものではない。子ども自身が「これを描きたい」「ここが動くように作りたい」という具体的なイメージをもち，保育者の手を借りながら自分の納得のいくかたちにすることを通して身に付けられるよう援助していくのである。

（2）魅力的な製作コーナーを設定する

　製作コーナーを保育室のどこにどう設けるかは，保育室の環境の構成の重要なポイントである。特に新年度が始まったばかりの頃は，安心して自分を出せるようになるためにも，じっくりと描いたり作ったりする場所があることが必

要である。自分の居場所が見つかると，今度は同じ場にいる友達に興味をもってかかわろうとすることにつながっていく。さらに，友達関係が深まってくると，遊びに必要なものを友達と協力して作ったり，友達の刺激を受けて自分なりに工夫をしたり，という姿も見られるようになってくる。

　したがって，製作コーナーは，他の遊びに邪魔されずにじっくりと取り組める場であると同時に，描いたり作ったりしながら他の遊びを見渡したり，気配を感じたりできる場所であることが望ましい。「〜ちゃんみたいな剣を作って遊びに入れてもらおう」と遊びの様子を見ながら作ったり，「壊れたから修理しよう」「足りなくなったから作り足そう」と遊びの途中で自由に行き来したりできる場にしておくことが大切である。

（3）発達に応じた環境の構成

　3歳児，4歳児，5歳児の保育室をのぞいたときに，製作コーナーに用意されている素材や道具，壁面に飾られた作品から，「ここは○歳児の保育室」ということがわかるだろうか。どの保育室にも同じような環境が用意されているとしたら，発達に応じた環境の構成がなされていないということになるだろう。また，環境の違いはわかるが，どこが何歳児なのかわからないというのであれば，自分自身が発達についてよく理解できていないということになるだろう。

　4月の入園・進級当初の製作コーナーと，2月，3月の製作コーナーでは同じ学年でも当然違ってくるが，ここにすべてを述べることはできない。それぞれの学年に特徴的な姿と，発達にふさわしい環境の構成について考えてみることにする。

1）3歳児の製作コーナー

　3歳児の特徴は，「探索行動」であるといわれる。自分なりに探ったり，試したりすること，それ自体が3歳児の遊びになる。例えば，セロハンテープを1メートル以上も引っ張る，紙テープやリボンを手に持ってどこまでも走っていく，手の届かない場所に置いた絵の具のチューブを台によじ登って取ってきて絞り出す，のりをままごとの鍋に入れてこねる，などなど。これらのことは，

製作コーナーの棚－分類してわかりやすく　　一人ひとりのマークのはさみ入れ

　どれも筆者が3歳児の担任をしていたときに経験したことである。準備の途中でふとテーブルの上などに置いたものが,「あっ」と気付いたときには,もうそこにはないということもしばしばであった。廊下から玄関までリボンが伸びていたり,のりの容器や絵の具のチューブが空っぽになっていたりすると「どうしてこんなことをするの」と注意したくなるのだが,それは,保育者が3歳児の特徴を理解せずに環境を用意した結果なのである。
　このような姿が入園当初の「3歳児らしい姿」であるとすれば,3歳児の製作コーナーには何をどう用意すればよいだろうか。
　第一に,3歳児の保育室には,好きなように使ってよいものだけを置くということである。使うに当たって細かい注意や規制をしなくてはいけないものは,3歳児の保育室には適さない。また,今日一日の流れを考えて,必要のないものはその都度片付け,必要なときに出すことも大切な環境の構成になる。
　セロハンテープを出すなら,最初は無駄使いも認め,少しずつ「今のは長すぎたね」「ちょっともったいなかったね」と声を掛けて,徐々に自分でちょうどよい長さに切れるようにしていく。
　絵の具を出すときは,必要な量をあらかじめ溶いていくつかの容器に分けておき,筆や刷毛を多めに用意しておくと,使いたい色を使いたいだけ使わせることができる。
　のりを使うときには,のり下紙やおてふきの使い方,のりの量や塗り方など,その都度一人ひとりに丁寧に伝えるようにしたい。

こうしたことは，一斉に指導するより，好きな遊びの中でその子どもが作りたいものを作っているときに保育者のつぶやきで伝えることが大切である。お面や恐竜，ヒーローの武器や魔法のステッキなど，「これを作りたい」と思っているときに，「こうすると格好よくできるね」「こうするときれいに貼れるね」と声をかけたり，手助けしたりする中で，少しずつ扱い方を身に付けていくことができるのである。

第二に，はさみのように，危険を伴う道具は保育者がまとめて管理し，最初のうちは必ず保育者が手渡し，使い終わったことを確認して戻させるようにする。「探索行動」だけではなく「まねをすること」が大好きな3歳児は，「床屋さん」と言って自分や友達の髪の毛を切ったり，裁縫のまねをして洋服を切ったりすることもある。そうなってから「どうして切ったの」ととがめるのではなく，発達の特徴から行動を予測し，安全な使い方ができる環境を用意したうえで，繰り返し指導していくことが大切である。その際，保育者が道具に対して愛着をもって丁寧に扱う姿を見せることが，子どもにとってのモデルとなることを忘れないようにしたい。

このような毎日の積み重ねを経て，3歳児も後半になると，はさみやクレヨンを使いたいときに自分の引き出しから出してきて，使い終わると自分で，あるいは保育者に促されて片付けることができるようになっていく。

そうなるためにも，1年間の発達の見通しをもって，毎日根気よく指導していくことが大切である。

2）4歳児の製作コーナー

3歳児の1年間で，自分の思うとおりに描いたり作ったりしてもよいということを感じてきた子どもたちは，初めての素材に興味津々で，「これを使うとこんなものができるよ」と投げかけると，「おもしろそう」「やってみたい」と飛びついてくる。このような4歳児の特徴をふまえ，次のことに留意して製作コーナーを設定する。

第一に，様々な素材に触れ，それぞれの素材の特徴を感じられるように分類して置いておくことである。

印刷した紙から作ったお面

手作りのお面

様々な素材のひとつとして，紙を例にとってみると，画用紙（厚手，薄手，色画用紙など），厚紙，カラー工作紙，更紙，中質紙，上質紙，京華紙，ティッシュペーパー，クレープ紙，つや紙，旗紙，コットン紙，包装紙，段ボール紙，波板段ボール紙，トレーシングペーパー，ラシャ紙，模造紙など，教材費で購入する紙の他に，カレンダーの裏紙，新聞紙，広告紙，ラッピングペーパーなど，園内にはたくさんの種類の紙があるはずである。

紙を使った造形活動の例として「お面」を取り上げてみよう。3歳児であれば，保育者が適当な厚さの紙を選んでヒーローや動物などを印刷しておき，子どもたちが好きな色を塗ったり切り抜いたりして，自分のお面を作って遊べるようにするだろう。しかし，すでにそうした経験をしてきた4歳児が「お面を作りたい」と言ってきたときに，同じような印刷済みの紙を渡すことは発達に応じた援助といえるだろうか。

様々な色や厚さ，手触りの紙を用意しておき，その中から自分が使いたい紙を選べるようにしておくことが4歳児にふさわしい援助であると考える。そして，まず「どの紙がいいかな？」と紙を選ばせてみる。そのときに，お面に適さないような薄い紙を選んだとしたら，どう援助するか。すぐに「こういう紙もあるよ」と選択肢を示すこともあるだろうし，作ってみて薄い紙では長持ちしないことを経験させてから，次に作るときに「この紙で大丈夫かな？」と経験を思い出させる言葉がけをすることもあるだろう。紙ひとつをとっても，「これを作るためにこの紙を選ぶ」という選択ができるかできないかでは，同

じお面を作っても，一人ひとりの経験はまったく違うものになることがわかるだろう。

他の素材についても同様である。

モール，ストロー，竹ひご，わりばし，つまようじ，ビニールテープ，紙テープ，リボン，たこ糸，輪ゴム，カラービニール袋，カラーセロハン，発泡スチロールの球や板，クリップ，安全ピンといったものの他に，家庭から持ってきた空き箱や空き容器，木の葉や木の枝，どんぐりや小石，貝殻などの自然物など，経験させたいことに応じて様々な素材を用意し，子ども自身が手に取って十分に触ったり，選んだりできるようにしておくことが大切である。

第二に，少し手を加えるだけでそれらしく見え，自分にもできるということを感じられる素材を提示することである。4歳児のときに様々な素材に触れ「やってみたらできた」という経験をすることが，5歳児になったときに，今までの経験を生かしつつ新たな素材を組み合わせ，工夫しながら自分のイメージを実現していくことへとつながっていくのである。

ままごとのごちそう，お店屋さんの品物，ごっこ遊びや劇遊びで身に付けるもの，ペープサートなど，どの素材をどう組み合わせたらどんなものができるか，保育者が実際に作り教材研究を重ねておくことで，描いたり作ったりしたものを使って遊ぶ楽しさにつなげていくことができる。

第三に，「経験させたいこと」に応じて素材の提示のしかたを工夫することである。

先に挙げた「お面」を例にとると，その子に「何を経験させたいか」によって紙の出し方は変わってくる。やっと友達と遊び始め，友達と遊ぶ楽しさを十分に感じてほしいと願っている子どもであれば，途中でお面が破れて遊びが中断しないように，最初から厚手の紙を選ばせるだろう。保育者も手伝って，早く遊びに合流できるように援助するかもしれない。一方，言われたことには取り組むが，自分で決めることが少ない子どもであれば，お面に適さない紙を選んだとしても「これにする」と自分で決めたことを尊重し，破れたときにもっと丈夫な紙を選べるよう援助するだろう。

「経験させたいこと」とは，"作ったものを使って友達と一緒に遊ぶ楽しさ"であったり，"自分で決めること"であったり，"自分なりに工夫すること"であったり，"この時期ならではの季節感"であったり，また，"素材そのものの感触を楽しむこと"であったりと，様々なことが考えられる。一人ひとりの育ちや興味・関心に応じて，保育者がその子に「こうなってほしい。だからこういう経験をさせたい」と願うこと，と考えてみるとよいだろう。

3）5歳児の製作コーナー

5歳児学級で製作コーナーを設定するにあたっては，子どもたちと一緒に使いやすく安全な環境を構成することを心がけたい。

第一に，今まで使ってきた素材や道具，5歳児になって初めて使えるようになったものなどを，子どもたちと一緒に置き場所を決めたり，分類してラベルを貼ったりして，より使いやすくなるようにすることである。保育者が文字を書いた紙に子どもたちが割りばしやストローの絵を描いて，材料棚や引き出しに貼っていくと，ほしいときにほしいものをすぐに取り出して使うことができるようになる。その都度保育者に要求するのではなく，自分で出して使えるようにするためにも，また，友達同士で場所を教え合えるようにするためにも，進級して早い時期に自分たちの保育室を自分たちで使いやすいものに整えるようにしたい。

第二に，危険を伴う道具については，必ず保育者のいるところで使う，専用の台やマットを使う，使ったら必ず元の場所に戻すなど，使うときの約束や，道具の持ち方，左手の位置など安全な扱い方を全体に伝えてから必要なときだけ製作コーナーに出すようにする。

4歳児で様々な素材に触れてきた子どもたちは，それらを組み合わせてより高度なものを作りたがるので，箱の中央に穴を開けたり，紙をくりぬいたり，段ボール箱を切ったりするときには，目打ちやカッター，段ボールカッターなどが必要になるからである。板に釘を打って動物や家，ゲームなどを作るためには，かなづちも必要になる。

このような危険を伴う道具は，保育者がその場を離れるときには，必ず子ど

もの手が届かない場所に片付けておくようにし，ふざけていて自分や友達を傷つけてしまったというようなことが決してないように気を付けなくてはいけない。また，使う度に注意を促し，保育者が正しい使い方をして見せるなど，安全な扱い方を徹底していくことが大切である。

2．のびのびと表現できるように

（1）課題活動の考え方

　「のびのびと表現する」ことと「課題活動」とは相反するもののように感じられるかもしれない。しかし，のびのびと表現できるようになるためには，与えられた課題に取り組む中でイメージ通りに表現できる技術・技能を身に付けることが必要であり，また，課題があるからこそ，その枠の中で安心してのびのびと表現することができるようにもなるのである。

　例えば，今，白い紙と絵の具を与えられて「何を描いてもいいです。思いきりのびのびと描きましょう」と言われたらどうだろう。自分の思い描くイメージのとおり，サラサラと筆を運ぶことができる人ばかりではないだろう。むしろ，「一番好きな食べ物を」とか「ここにある花の中から好きなものを選んで」とか，何か課題を与えられた方が表現しやすいと感じるのではないだろうか。「花を描く」ということが決められていることで，自分なりに表現方法を工夫して，他の人とは違う自分らしさを出していくことができる。これが，課題があるからこそ，安心してのびのびと表現できるということである。

　では，絵の具の扱い方についてはどうだろう。私たちは小・中学校の図画工作や美術の時間に，絵の具の出し方，混色の仕方，筆の運び方，洗い方など，基本的なことを習ってきた。様々な課題をこなす中で，自分の好きな色合いやタッチを出すこともできるようになってきたかもしれない。そうした技術・技能があるから，紙と絵の具を出されたときになんとか自分のイメージを表現することができるのである。

　幼児にとっても，同じことが言えるのではないだろうか。

道具や画材などの基本的な扱い方の指導をしないまま,「もっとのびのびと」「もっと工夫して」と言うばかりでは,自信がなくてとてものびのびとは描けないし,経験が乏しく工夫するということがどういうことなのかわからない,ということになりかねない。だからこそ,「これだけはみんなに経験させたい」ということを課題活動として投げかけていくのである。その際,何を課題として選び,どのような環境を用意し,どのような言葉掛けをしていくか。一人ひとりがのびのびと表現できるようになるために,保育者の果たす役割は大きい。

（2）みんなに経験させたい造形活動
1）「みんなに経験させたい造形活動」とは

まず,「みんなに経験させたい造形活動」と「みんなで一緒にする活動（一斉活動)」とは違うということを知っておいてもらいたい。「みんなに経験させたい造形活動」とは,最終的に学級の全員が経験できるようにするということで,必ずしも一斉に行う必要はない。その活動のための製作コーナーを設定し,1〜2週間くらいかけて,作りたい気持ちになったときに取り組めるようにすることで,一人ひとりの興味・関心をみながら個別に対応していくことができる。

「みんなに経験させたい造形活動」には,次のような意味がある。

① 伝統文化に触れたり,季節を感じたりする。

② 造形表現を支える技術・技能を獲得する（遊びの中で作りたいものが作れるように,年齢に応じて少しずつ積み上げていく)。

③ のびのびと描いたり作ったりする楽しさを味わう。

④ 飾ったり,プレゼントしたり,遊びに取り入れたりして楽しむ。

①をみると,いくつかの活動がすぐに思い浮かぶのではないだろうか。

4月から3月まで,順を追ってみてみよう。「こどもの日のこいのぼりや兜」「七夕の笹飾り」「プールに浮かべる船」「色水やフィンガーペインティング」「敬老の日のプレゼント」「お月見の団子」「落ち葉の貼り絵やどんぐりのケーキ」「プレゼントを入れる長靴や靴下」「鬼のお面や升」「ひな人形」「お別れ会

のプレゼント」などが挙げられる。他にも「遠足の絵」「運動会の絵」など経験したことを描く「経験画」や，飼っているウサギやザリガニ，園庭の花や自転車などを見て描く「観察画」なども，5歳児であれば，ぜひ「みんなに経験させたい造形活動」である。これらの活動の中には当然②から④までの意味も含まれている。②だけのために行われる活動はなく，様々な技術・技能は，楽しみながら取り組む中で身に付くようにしていくことが大切である。

2）「みんなに経験させたい造形活動」を一斉に行う場合の留意点

　年齢や時期によっては，「みんなに経験させたい造形活動」を一斉に行えるように計画することも出てくる。全員を集め，これから行うことに期待をもてるように導入をし，取りかからせる方法である。このような活動をするときには，一人ひとりの力を見極め，学級のみんなが無理なく楽しめる活動にすること，わくわくするような導入で子どもたちの心をひきつけ，一気に仕上げられる時間を保障することなど，考えておくべきことがたくさんある。また，早く出来上がった子どもには何をさせるのか，途中でわからなくなったり，嫌になったりした子どもにはどう援助するのか，35人の子どもたちから「先生来て」「先生見て」と言われたらどうするのか，一人ひとりの取り組みの様子をどう把握していくのかなど，しっかり考えてから始めないと，子どもたちを待たせるばかりのつまらない活動になりかねない。

　一斉活動には「みんなで一緒に経験させたいこと」や「一緒に経験するから楽しいこと」があるはずである。子どもたちに何を経験させるためにその活動を一斉で行うのかをはっきりとさせたうえで，しっかりと準備を整えて行うようにしたい。

3）5歳児「七夕の笹飾り」の事例

　1）で述べてきたことを，具体的な事例を通して考えてみよう。

　まず，七夕の絵本などをきっかけにしながら，七夕には織姫と彦星の伝説だけでなく，豊かな収穫に感謝する収穫祭としての意味があり，ナスやスイカなどの野菜を飾ること，朝露で墨をすって字や機織りが上達するよう短冊に願いごとを書いてきたことなど，七夕のいわれを伝えていく。そして短冊には，

「あれがほしい」「これを買って」という願いごとではなく，自分が努力してできるようになりたいと願っていることを考えて書くよう投げかけていく。

このような導入があって初めて，自分の思いを込めてきれいな飾りを作ろうという気持ちになっていくのである。そして，自分からもっときれいに飾ろうとする中で，のりやはさみを使いこなす技術・技能も身に付いていくのである。その際には，友達と教え合ったり，折り紙の本を見て番号の通りに進めていったりするなど，ひとつの活動に5領域の様々な内容が盛り込まれる。これが「総合的な指導」である。

ここで大切なことは，5歳児の知的好奇心をくすぐる飾り作りを提示することである。はさみの使い方を見ても「続けてまっすぐ切る」「紙を回しながら円を切る」「同じ間隔で切り込みを入れる」「途中で止めて交互に逆から切る」など，巧みになってきているからである。例えば，輪つなぎを作るために色紙を同じ太さに切る，スイカ飾りを作るために円を描いて切る，ちょうちん・貝つなぎを作るために，同じ間隔で切り込みを入れることなどは，すでに経験済みである。そこで新しく"天の川"や"網飾り"のような，同じ間隔で交互に切り込みを入れなくてはならないものを「みんなに経験させたい造形活動」として提示してみると，「ちょっと難しそうだけれど，やってみようかな」「失敗した！」「もう1回挑戦しよう！」「できた！」と自分から興味をもって取り組み，最後までやり遂げようとする姿が見られる。このような経験を通して，より巧みにはさみを使いこなせるようになり，好きな遊びの中でもその技術・技能が遊びに必要なものを作ることに活かされていくのである。

（3）年齢に応じた素材を選び環境として用意する

1）3歳児4月中旬　「すぐに遊べるこいのぼり作り」の事例

〈幼児の姿〉

園庭に飾られたこいのぼりに手を伸ばしてしっぽをつかもうとしたり，こいのぼりが泳ぐ様子をじっと見たりする姿が見られる。

〈経験させたいこと〉

・保育者が作ったこいのぼり作りを見て「おもしろそう」「作りたい」「自分のがほしい」と心を動かし，保育者と一緒に作ってみようという気持ちになる。

・自分のこいのぼりを飾ったり，手に持って走ったりする楽しさを味わう。

〈環境の構成と保育者の援助〉

「できた，できた」こいのぼりを持って走り出す

製作コーナーのテーブルに，こいのぼりの形に切った色上質紙，大小の丸いカラーシール（大中小の丸いシールを重ねこいのぼりの目の形にしたもの，丸いシールを半分に切りうろこの形にしたもの），短く切ったリボン，広告紙を細く丸めて棒にしたものを学級の人数分より多めに用意しておく。

朝の支度が一段落し，園庭に遊びに行き始めた頃を見計らい，保育者も前もって作っておいたこいのぼりを手に園庭を走る。その姿を見て一緒に走っていた子どもが「貸して」と興味をもつ。一人が手に持って走ると他の子どもも一緒に走る。「次は，○○ちゃんどうぞ」と声をかけ，何人かが交代で手に持って走る。しばらくすると二，三人が「こいのぼり作りたい」と保育室に戻る。製作コーナーに用意しておいた紙に，目とうろこを好きなように貼っていく。保育者が出来上がったこいのぼりの口にセロハンテープでリボンを付け，リボンの片方を広告紙の棒に付ける。ひらひらさせて見せると，「できた！」と手に持ち，園庭を走りまわる。園庭から戻ってくると「もうひとつ」と別のこいのぼりを作り，今度は自分で同じ棒にセロハンテープで付け「おとうさんこいのぼりとおかあさんこいのぼり」と言いながら，手に持って走る。こいのぼりを作ることが面白くなり，一人で2本，3本と作る子もいる。

〈援助のポイント〉

- 入園して間もない時期であり、家庭での経験の差により、描いたり作ったりすることへの関心の差も大きい。誰もが抵抗なく取り組め、いくつでも簡単に作ることができ、作ったら手に持ってすぐに遊べる素材を用意することがポイントである。こいのぼりの形に切った紙とシールなど、はさみで切ったり、クレヨンで描いたり、のりで貼ったりしなくても、すぐにできるものを用意する。

「こいのぼりのおうち」

- こどもの日の前には学級の全員が家に持って帰って飾れるよう、製作コーナーには1週間ほどこいのぼりの材料を出しておき、作ってみたいと思った子どもから取り組めるようにする。なかなか興味をもてない子どもには、「何色が好き？」「このうろこをどこに貼る？」などと聞きながら保育者が作り、「これは〜ちゃんのこいのぼりね」と名前を書いて手渡したり、外に出て一緒に走ったりして、自分のこいのぼりに愛着がもてるようにする。
- 一人ひとりのマークを付けた置き場所（こいのぼりの家）に飾り、いつでも手に持って走れるようにしておく。そうすることで、作ったもので遊んだり、遊んだ後には元に戻したりして、大切に扱う経験を積み重ねていくことができる。

2） 4歳児4月中旬　「自分なりのこだわりをもって作るこいのぼり」の事例

〈これまでの経験から〉

　3年保育4歳児は、3歳児の1年間、こいのぼり、七夕飾り、運動会の旗、木の実のケーキ、クリスマスやお正月の飾り、鬼の面やひな人形など、季節ごとに様々な造形活動に取り組んできた。子どもたちは、保育者が用意した新し

い素材に触れ，自分の思うように表現してよいことを経験してきた。日々の遊びの中でも，ヒーローの面や剣，お姫様の冠やステッキ，ままごとのごちそうなど，保育者と一緒にいろいろなものを作り，作ったもので遊ぶ楽しさも味わってきた。また，砂や水，油粘土や紙粘土，絵の具や指絵の具などの感触も楽しんできた。

　そうした活動の中で，のりをのばして張り合わせる，はさみでだいたい線の通りに切る，セロハンテープをほしい長さに切る，クレヨンで色を塗ったり好きな絵を描いたりするなど，描いたり作ったりするための基本的な道具や素材の扱い方を少しずつ経験してきた。

　このような経験を積んできた4歳児には，どのようなこいのぼり作りの環境を用意すれば，自分から興味をもって取り組むことができるだろうか。3歳児と同じ，こいのぼりの形に切った紙とシールでは，もう物足りないということがわかるだろう。ただし，4歳児になって間もない頃であり，保育室や担任が替わったことで不安定になり，保育者とのつながりを求めてくる子どももいる。4歳児になったからといって，いきなり難しいものを出すことは，この時期にはふさわしくないだろう。

　そこで，のり付けをすることで簡単に筒型になり，「やってみればできた」という満足感を得られるような材料を用意することにする。

〈経験させたいこと〉

　・目の配色やうろこの並べ方など，「こうしたい」という自分なりのこだわりをもってこいのぼり作りに取り組み，できた喜びや満足感を味わう。

　・のりの量や塗り方などに気を付け，丁寧に張り合わせようという気持ちでじっくりと取り組む。

〈環境の構成と保育者の援助〉

　四つ切の色画用紙の長い辺に2センチほどののりしろを折り，筒型になるようにさらに半分に折ったものを用意する。あらかじめ好きな色を聞いて何色か用意し，選べるようにしておく。尾の部分は，自分で好きな形を描いて切れるようにする。

4歳児のこいのぼり製作風景

しっぽを切る

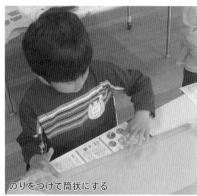
のりをつけて筒状にする

のり下紙を使って

目玉とうろこを貼る

吹流しを作る

ズラリと並んだこいのぼり
吹流しを付ければ完成

ほら！できたよ！

2．のびのびと表現できるように　*97*

　目は自分で作れるように，大中の丸色紙と黒の小さい丸色紙を用意しておく。うろこは，家庭に協力してもらって集めた包装紙を半円形に切っておき，好きな模様を好きなだけ貼れるようにする。自分で切りたい子どもには，うろこの形を描いた包装紙，うろこも自分で描きたい子どもには，色紙大に切った包装紙を用意する。

　製作用のテーブルを広げ，登園してきたらすぐに目に付くように材料を並べておく。「作りたい」と言ってきた子どもから作れるよう，色画用紙ののり付けの仕方や尾の切り方を説明する。後は，自由に目やうろこを付けられるようにし，その中で，のりの量や付け方を一人ひとり確認していく。のりの量が多すぎる子どもには，「はみ出しちゃったね」「これぐらいでどうかな」と，ちょうどよい量を知らせ，紙の中心にだけのりを付けている子どもには，「お顔にクリーム塗るみたいに」など，のりの伸ばし方をイメージできるよう声をかけていく。

　また，のりを使うときには必ず，「おてふき」と「のり下紙」を用意してから始められるよう，「のり」「おてふき」「のり下紙」を３点セットで製作コーナーに置いておく。そうすることで，最初は保育者が整えるが，必要なときには自分で出せるようになっていく。

　こいのぼりを付ける棒は，こいのぼり２匹と吹流しを付けても折れない強度を考え，新聞紙を棒状に巻いた上から紙を巻くなどして人数分用意しておく。矢車の代わりに，金色の厚紙を丸く切ったものを棒の先に付けるなど，こいのぼりの棒らしく見える工夫をする。

　吹流しを作りたい子どもには，細く切った色画用紙を輪にして，好きな色の紙テープを切ってのり付けできるよう，材料を用意しておく。紙テープは，何色かを棒に通し，引っ張ると出てくるようにしておくと，長さを見ながら切りやすい。

〈援助のポイント〉

・登園してきた子どもたちが「おもしろそう」「作ってみたい」と思える環境を構成しておくことは，あらゆる活動の援助のポイントであるが，進級

間もないこの時期に「自分から」取り組むために，特に大切にしたい点である。前日の降園時に「何色のこいのぼりがいいかな」と作りたい色を聞いて期待をもたせる，壁面に一人ひとりのこいのぼりの家（棒をさす場所）を作っておく，モデルとなるこいのぼりを飾っておく，製作コーナーを保育室の中心に広げ，目に付くようにしておくなど，心を動かす工夫をする。

・「やってみたらできた」「自分のこいのぼりが気に入った」という喜びや満足感を味わえる経験になるよう，簡単にできてそれらしく見える材料を用意する。2，3枚のうろこでも十分こいのぼりに見えるよう，うろこの大きさにも配慮する。小さいうろこをびっしり貼らせたり，「表にも裏にも5枚ずつ」などと保育者が決めて取り組ませたのでは，作る楽しさは味わえない。

・作ることが好きで得意な子どもには，本物のこいのぼりを見せて尾の形を工夫させたり，吹流しの材料を用意したりして，「もっとこうしたい」という思いに応えられる環境を用意する。「みんなに経験させたい活動」では，どうしてもできない子どもに目が向き，その援助に重点を置きがちになるが，すでに身に付いている子どもは次の段階を求めており，よさを伸ばす援助が必要になる。それが一人ひとりに応じた援助をするということである。

3）5歳児4月中旬　「グループの友達と相談しながら作る大きなこいのぼり」の事例

〈これまでの経験から〉

　5歳児に進級した子どもたちは，4歳児の1年間で様々な素材に触れ，「こんなものがほしい」「あれを作りたい」とイメージをふくらませ，保育者の援助を受けながら「やってみたらできた！」という経験を重ねてきた。何をどう使えば，自分のイメージに合うものになるかを考え，材料を選んだり組み合わせたりすることも経験してきている。そして，何より，4歳児の1年間をかけて「友達と一緒に遊ぶと楽しい」ということを十分に味わってきている。

　さて，この子どもたちにとっては，どのようなこいのぼり作りが魅力的な活

2．のびのびと表現できるように　99

動となるだろうか。大きさは？　材料は？　ということの他に，何人で作るのか？　という要素を入れて考えてみよう。一人で自分の思い通りに作るのではなく，こいのぼりを作る素材，色や模様，使う画材などを友達と相談し，協力して作り上げる大きなこいのぼりはどうだろうか。

　5歳児になって，友達とのつながりを深める意味でも，年長児としての自覚をもたせる意味でも，今までとは違う魅力的な活動にすることが大切である。

〈経験させたいこと〉

・三，四人の友達と一緒に，「何を使ってこいのぼりを作るか」「何を使って色を塗るか」「どんな模様にするか」について，自分の思いや考えを出し合い，相談してみんながよいと思えるものに決める。

・今まで経験してきたことを生かして，グループの友達と協力して，自分たちのこいのぼりを作り上げる楽しさを味わう。

〈環境の構成と保育者の援助〉

　音楽に合わせて自由に歩き，保育者がたたいたタンバリンの音を聞いて二つなら二人組，三つなら三人組，と友達を誘って集まるゲームをする。様々な組み合わせで集まるゲームを楽しんだ後に，「一緒にこいのぼりを作りたい三人組」と声をかけて集まるという形で，グループ分けをしてみる。

　5歳児になって初めてのグループ活動であるので，「一緒に作りたい」という気持ちがないと楽しめないだろうと考えたからである。いつも一緒に遊んでいる仲よしの三人組，四人組になり，男児ばかり，女児ばかりのグループもできたが，今回はあえて調整しない。経験させたいのは「相談して決める」ことであり，「協力して作り上げる楽しさ」であるので，相談しやすく，力を合わせやすいグループで取り組めるようにした。

　こいのぼりを何で作るかについては，カラービニール・カラー不織布（ふしょくふ）・白い布・ビニール状の破けにくい素材などから，選ばせることにする。その場合は，園庭に飾ることも考えて，多少の雨や風で破れない素材から選ばせる配慮が必要である。開いた状態で模様を描くようにし，最後に筒状にして口の部分にワイヤーを入れると，風を受けて泳ぐこいのぼりができる。

第5章 保育の中の表現活動(1)

風を受けて泳ぐ5歳児グループで作ったこいのぼり

　次に，模様を描く画材について考えてみよう。カラービニールに描く場合は，油性のサインペンで描いたり，カラービニールでうろこの形を切ってセロハンテープで貼ったりする方法が考えられる。不織布や布の場合は，サインペンよりも，クレヨンや絵の具，墨や染料などが塗りやすいだろう。

　その他にも，様々な新しい素材や画材が出ているが，組み合わせによっては2，3日で顔料がはがれる場合もある。せっかく時間をかけて作ったものが飾れなくなってしまわないよう，試しに作ってみるなどの教材研究を重ね，素材の特徴を捉えたうえで選択肢のひとつとして提示していくことが大切である。

〈援助のポイント〉

- 今回のこいのぼり作りでは，「一人ではできない大きなこいのぼりを友達と力を合わせて作る」ことができるような援助が求められる。そのために一つひとつ「相談して決める」ことが必要になる。A児は「黄色のビニールで作りたい」，B児は「青の不織布で作りたい」，C児は「赤の不織布で作りたい」ということが出てくる。そのときに三人がどのような方法でひとつに決めるのか，その過程を見守ることが第一の援助である。

2．のびのびと表現できるように　*101*

- A児が強い口調でB児，C児の意見を退け，思い通りに進めようとしたらどうするか。B児，C児が本当に「黄色のビニール」で納得しているのかどうかを見極め，B児，C児には自分の意見が言える援助を，A児には，友達の意見を聞く援助が必要になる。
- 三人の意見が平行線でまとまらないときには，「決め方」に気付かせる援助が必要になる。例えば，他のグループがどうやって決めたかに目を向けさせ，「じゃんけん」「くじびき」など公正な決め方があることに気付かせたり，こいのぼりの素材はA児，色はB児，模様はC児というように割り振る方法もあることを示したりする。どの方法で決めるかも自分たちで選んでよいこと，ただしその結果には文句を言わないことなど，一つひとつみんなで納得して進めていけるように援助していく。
- こいのぼりを何で作るかが決まったら，次は模様である。こいのぼりの形に切った小さな紙を用意し，「設計図」を描かせてみるのも一案である。「花模様にする」「星をたくさん描く」など自分たちで決めて，おおざっぱに描いておくと大きなこいのぼりに取り組みやすくなる。ただし，グループによっては，設計図を描くことに一生懸命になりすぎて，こいのぼりまでたどり着けなくなる場合もあるので，ある程度のところで切り上げさせる声かけが必要である。
- 模様を何で描くかについては，これまでの経験を生かして自分たちで選べるようにする。しかし，新しい素材や画材を出す場合などは，「これに描くとこうなる」「これでは描けない」など，ある程度示して，無理のない組み合わせを選べるようにしないと，「協力して作り上げる」楽しさが味わえなくなってしまう。
- 出来上がったときには，「一人ではできない大きなこいのぼりが，友達と力を合わせて完成した」ということを一人ひとりが感じられるようにすることが大切である。そのためには，一人ひとりがどこでどうアイディアや力を出していたかだけでなく，考えがぶつかったときに，誰がどう歩み寄ったり調整したりしたかなど，自分たちがやってきたことを振り返り，経験

したことを再確認できるような言葉がけを心がけたい。こいのぼりを完成させるだけでは「経験させたいこと」は達成されない。その後の保育者の言葉がけによって，一人ひとりの確かな経験になるのである。

（4）年齢に応じた「こいのぼり作り」の事例から

　以上述べてきたことは，一見こいのぼりを作らせるためのノウハウのように捉えられるかもしれないが，決してそうではない。造形活動をするには，例えば「こいのぼり作り」ひとつをとってもこれだけの準備が必要であり，その一つひとつに意味があるということなのである。「こどもの日が近いから，そろそろこいのぼりでも作ろうか」「こいのぼりのセットを買ってきて，みんなで同じこいのぼりを作ればいいわね」という考えでは，発達に応じた援助はできない。また，「さあ，何を使ってもいいから好きなようにやってごらん」と言うだけでは，発達に必要な経験を積み重ねていくことはできないのである。

　これまで述べてきたこいのぼり作りについても，与えられたつまらない課題活動になるか，「わあ，おもしろそう！」「作ってみたい！」「できた！」「もう1匹作りたい！」と心躍る活動になるかは，保育者の言葉がけ次第である。同じ材料を用意し，同じように1，2週間の期間を設けたとしても，保育者のかかわり方によって子どもの経験する内容はまったく違ったものになる。それほど，保育者の果たす役割は大きいということを自覚しておきたい。

3．保育室を心地よい生活の場にするために

（1）壁面の考え方

　保育室の壁面をどう構成するかについては，指導書やアイディア集が豊富にある。しかし，実際には保育室の造りに制約を受けることが多く，そのまま取り入れることはできない。何より子どもの興味・関心に応じて壁面を構成するという視点がなくては，保育者の自己満足に陥りかねない。相手が幼児だからという理由で，キャラクター化したピンクのウサギや水色のゾウなどを並べた

3，4，5歳合作の壁面「あじさい」

だけの壁面でよいのだろうか。

　壁面は，保育室の大きな面積を占め全体の雰囲気に影響を与える大事な環境である。季節やその時々の行事に応じて，また，経験させたい内容に応じて，柔軟に変化させていくことが望ましい。その際，アイディア集などを参考にしつつも，担任としての思いを込めて構成することが大切である。

　例えば，新学期には入園・進級にふさわしい壁面になるよう，ひとつの作品として完成させて子どもたちを迎える準備をするだろう。しかし，5歳児2学期の始業式に，「子どもたちが夏休みに経験したことを思い出し，自由に作り足していってほしい」という担任の思いがあれば，海や山など，土台だけを構成して迎えることもあるだろう。また，子どもたちの遊びや作り始めたものを見て，それらを活かせるように，子どもたちと相談しながら一緒に作り上げていくこともあるだろう。

　「壁面はこうでなくてはならない」と決めてかかるのではなく，子どもたちと保育者とが共に生活する保育室が心地よい空間になるよう，一緒に考え作っていこうとする姿勢が大切である。

（2）描いたり作ったりした作品で構成する

例えば，細長い紙をねじって枝のようにし，それを何十本も組み合わせて半立体の大きな木を構成しておくとどうだろう。

夏には，色紙で折ったセミやバッタをとばしたり，空き容器で作ったカブトムシやクワガタムシを作って木に止まらせたりし，秋が近づくとセロハンで羽を作った赤トンボなどに変えていくことができる。

紅葉の季節には，みんなで色とりどりの葉っぱを切って飾ったり，毛糸で作ったミノムシやクモなどをぶら下げたり，紙で作ったドングリやキノコを飾ったりできる。

冬には，色紙に切り込みを入れて作った雪の結晶を舞わせたり，綿で作った雪だるまや，紙コップで作ったウサギなどを飾ったりすることもできる。

5歳児であれば，割りばしに毛糸を編んで雪の結晶やクモの巣のようにしたり，色紙でサンタクロースやトナカイを折ったりするのも楽しい活動である。

雨や雪が降って外に出られない日や，お弁当の後の休息の時間などに製作コーナーを用意し，みんなが経験できるようにすると，壁面もにぎやかになっていく。このように，1本の木を中心に据えて，季節に応じた作品を飾っていくのも楽しい壁面製作である。

（3）遊べる壁面にする

こいのぼり作りの事例の中でも取り上げたが，作った作品を置く場所を作り，子どもが自由に出し入れできるようにすると遊べる壁面になる。

例えば，ロールペーパーの芯に色紙を巻き，一人ひとりのマークと名前を付けて子どもの手の届く壁面に固定しておく。その中に，こいのぼりの棒を差せるようにしておくと，外に持って行きたいときには自分で出すことができる。その他にも，チョウチョやカタツムリ，傘や自分の絵などを，広告紙を巻いた棒に付けておくと，野原や花畑の壁面を背景にペープサートのよう手に持って動かして遊び，遊び終わると自分の置き場所に戻すことができる。

空き箱を壁面に固定すると，作った虫や動物などの家にして遊ぶことができ

る。空き箱を積み重ねてマンションにして，隣の家や下の家などと行き来して友達と一緒に遊ぶこともできる。

壁面にたこ糸を下げて，引っ張ると登っていくような仕掛けを作ったり，壁面の端から端に渡して，ロープウェイやリフトのように動かして遊べるようにしたりすることもできる。

保育者が基本となる形を作っておいて，子どもたちが自由に作品を付け足していけるような環境にしておくと，壁面を自分たちの生活の場の一部として捉え，自分たちで作っていこうとする姿勢が生まれてくる。保育者が願いを込めて完成させる壁面と，子どもたちと一緒に作っていく壁面と，その時々の子どもの姿や経験させたいことに合わせて選んでいくようにしたい。

■参 考 文 献
内閣府・文部科学省・厚生労働省：幼保連携型認定こども園教育・保育要領　幼稚園教育要領　保育所保育指針　中央説明会資料（幼稚園関係資料），2017
中央区立明石幼稚園：年間指導計画，2017

第6章
保育の中の表現活動（2）
―音楽・身体表現を中心とする表現活動から―

　子どもたちが自発的に歌を歌ったり，踊ったり，楽器を鳴らしたりする表現を，豊かに育てたい，と願わない保育者はいない。このような表現を，大人が教えるのではなく，子どもが遊びの中で自発的に行ってほしい，つまり，子どもの主体的な表現を育てたい，と保育者は願っている。しかし，大人がこのように子どもの主体的な表現を願っても，子どもが遊びの中で，いつも歌ったり，踊ったり，楽器を叩いたりするわけでは決してない。子どもがそれらの表現をするのを待っていても，必ずしも自発的な音楽的表現が見られるわけではないのである。

　特に最近では，子どもたちがかつてのように遊びの中で歌ったり踊ったりしなくなった，ということが指摘されている。それは，高度に情報化した消費社会において，メディアによって歌や踊りが情報として伝えられ，それを私たち大人が消費することが日常化しており，大人が自らの身体的行為としてリズムや音を生み出すことが少なくなったことと無関係ではない。つまり，現代社会においては，子どもが自発的な音楽活動をすることをただ単に待っているだけでは，それを望むことはできない。子どもたちが自発的に歌ったり踊ったり，楽器を演奏したりする表現が生まれるには，そのことが可能な物的あるいは人的環境を，保育者が構成する必要がある。

　そのためには，子どもの表現やその動機（例；「歌いたい」とか「踊りたい」という気持ち）がどのようにして生まれ，それが園における他者（保育者や子どもたち）とのかかわり合いの中でどのように変化するのか，を理解しておく必要がある。本章はこのような視点から，保育者が目を向けるべき子どもの姿

や，他者とのかかわり合いの中での子どもの表現について述べることにしよう。

1．音楽的表現の意義

　音楽表現と言えば，歌を歌う活動や楽器で楽曲を演奏する活動，音楽に合わせて踊る活動を思い浮かべがちである。しかし，乳幼児の子どもの表現は，何かを描いているかと思えば，すぐになぐり描きになって紙を破いたり，粘土でお団子を作っているかと思うと，次の瞬間には伸ばしたり，歌っているようでもあり話しているようでもある，というように，次から次へと移ろいやすい。また，歌を歌う，楽器を演奏する，というような音楽表現活動のみに従事しているよりも，粘土をこねたり絵を描いたりしながら歌のようなものを口ずさむ，というように，他の活動に付随する形での音楽的な表現が見られることが多い。これらの事実が示しているのは，子どもが身体を用いて行う表現活動は，その様式がある特定のスタイルに明確に分化される以前の未分化なものだということである。それゆえ，私たちが一般に音楽と考えるような活動以前の表現に目を向ける必要がある。

　そこで，ここではそのような音楽活動以前の表現も「音楽的表現」ととらえて，その意義について考えてみたい。

（1）音や響きそのものへの関心
1）音楽の音

　事例6-1　音に聴き入る
　　4歳児クラスの11月のある日のこと。焼き芋パーティーをするために保育者と子どもたちとが落ち葉を集めているとき，カヨコが枯れ葉を2枚持って「先生，ほら」と言いながら側に来て，腕を伸ばして保育者の顔に葉を近づけるようにして，葉を擦り合わせて見せる。葉が擦れ合うときに出る音に気づいたらしい。ふと見ると，ルミやヨシエたちも互いの耳の側で葉を擦り合わせ，音を聞き合い，「あ，音がする」「ほんとだ」と言いあったり，「虫がお話している

みたい」などと言ったりしている。自分の耳元でも葉を擦り合わせ，音にじっと聴き入る姿も見られる。

　この事例では，子どもたちが葉の擦れ合う音に気づいて，その音を「虫の話し声」として見立てたり，音にじっと聴き入ったりしている。このように，自然の音（雨の音や風の音，葉の擦れ合う音など）や日常生活におけるいろいろな音（湯の沸騰する音，冷蔵庫の音，電話の音など）に気づいたり，それに関心を持ったり，その音に聴き入ったりする活動は，音楽表現につながる大切な活動である。

　音楽学者の前川陽郁によれば，音楽の音が日常生活の音や音声としての言葉と異なるのは，それを聞く者がその音そのものに聴き入ることである。日常生活の音や会話の言葉の場合，私たちは音そのものではなく，音の発せられる原因や音声の指し示す意味を認識することが重要となる[1]。例えば，私たちは，湯が沸いたことを音によって気づくことがあるし，階段を上る足音によって，誰かが自分の部屋に来ることを予測したりすることがあるだろう。大きな音がすれば，何かが爆発したのではないかと確かめに行くし，聞こえている音が何の音が分からないと，その音の原因を探ろうとする。また，日常会話において音声として発せられる「gakkou（学校）」という言葉を聞けば，その言葉の意味を認識することが必要となり，その意味が認識されなければ，言葉としての役割を果たさない。これに対して，音楽の音の場合は，その原因や意味にかかわりなく，その音そのものに聴き入る（このような音楽の特質は，「全ての芸術は音楽の状態に憧れる」と言い表されてきたものである）。つまり，音楽であるか否かは，音そのものによって決められるのではなく，音を聞く者の聞き方によるのである。それゆえ，耳に入ってくる楽器の演奏音は，誰にとっても音楽となるのではないし，それとは逆に，日常のあらゆる音は，聞き方によっては音楽になりうる。風が木の葉を揺らす音，森の中の虫の鳴き声，小川のせせらぎ，雨がしとしとと地面に落ちる音，雑踏の中の話し声など，生活のあらゆる場面に，音楽になる可能性のある音は存在する。音以外のもの（原因や意

味）を求めず，音そのものに聴き入るような場合は，その耳は既に音楽を聴く耳に近づいているのである。

　事例の子どもたちの様子には，音の原因を認識すること，音を見立てること，音そのものに聴き入ること，という三つの態度がうかがえる。音を見立てることは，音の原因を探ろうとする意識から解放されている（事例では，「葉の擦れ合う」ことによって出る音ということに拘束されない）という意味で，音そのものに聴き入る態度により近いものである。とすれば，事例の子どもたちの音を聞く耳は，日常音を聞く耳（音の原因を認識する）と音楽の音を聞く耳（音そのものに聴き入る，または，音を見立てる）とが混然となっているものである。このように，子どもの場合，両者は未分化なかたちであらわれることが多い。音にかかわるいろいろな活動の中に，音楽表現の発芽的な活動が含まれているのである。

　このように，生活におけるあらゆる音が音楽の音になりうるとすれば，子どもが空き箱や空き缶などの雑材を使って何かを作る活動の中でも，同じような音楽表現の発芽行動は見られる。次の事例6-2は，そのような場面である。

事例6-2　製作コーナーから楽器作りへ

　4歳児クラス。製作コーナーでは，保育者の周りで数人の子どもたちがそれぞれ牛乳パックでロボットを作ったり，絵を描いたりしている。ロボットを作っていたフミオが牛乳パックに輪ゴムをかけたとき，パチンと大きな音がした。フミオは，何度か意図的に「パチン，パチン」と音を出す。隣で一緒にロボットを作っていたアキラが，同じようにして「パチン，パチン」と音を出し始める。

　絵を描いていたヨウコとマユは，しばらくフミオたちの様子を見ていたが，ヨウコが発泡スチロールのトレイを持ってきて輪ゴムをかけ，手で弾く。すると「ビン，ビン」と音がするのを，トレイを耳に近づけて確かめ，マユの耳元にも近づけて「ほら」と音を聞かせている。二人は，輪ゴムの本数を変えたり，弾き方を変えたりして，互いに耳元で音を聞かせ合って楽しんでいた。

2）歌の楽しみ

　音楽の音が，日常の音や会話の言葉とは異なって，音の出る原因や意味から

110 第6章 保育の中の表現活動(2)

は自由であり，音そのものが重要となることは，歌の場合も同様である。

　言葉には，音声としての響き（あるいは言葉の姿や形。言語学では「シニフィアン」と言われる）の側面と意味（ある言葉を聞くと，その意味を思い浮かべる。言語学では「シニフィエ」と言われる）の側面がある。尼ヶ崎彬は，日常会話においては，言葉の二つの側面のうち，響きの側面よりも意味の側面の方が重要だが，歌の場合は，それとは逆に，響きの側面の方が重要で，意味の側面は後ろに退く，と述べている。例えば，日常生活において誰かの話す言葉を聞き，後日それを記録しようとするときに，正確に思い出そうとするのは話の内容（言葉の意味の側面）であって，言葉の「言い回し」（響き）ではない。「言い回し」は，正確に思い出そうとしても，思い出せないことが多い。私たちは話し手が「何を言ったか」は覚えているが，「どのよう言ったか」は覚えていないのである。

　それに対して，歌の場合は，内容よりも言葉の言い回しや響きそのものの方が重要になる。歌詞の内容を言うことができても，どのような言い回しか，どのようなメロディーかということを覚えていなければ，その歌を知っていることにはならない。「何を言ったか」（歌詞の意味）よりも「どのように言ったか」(歌のメロディーやリズム，歌詞そのものの響き，言い回し）が大切なのである。それゆえ，歌詞の意味は曖昧になる。音の響きやリズムに身体が乗ってしまうと，調子よくトントンと歌い進んだり，聞き流したりするので，言葉の意味を深く考えようとはしない傾向が生じるのである[2]。

事例6-3　歌詞の意味に関係なく好きな歌

　5歳児のハルオは，4歳児クラスの12月にクラスの皆で歌った「北風小僧の貫太郎」が大好きで，それ以来「きたかぜ〜，こぞうのかんたろう〜，……ヒュウ〜，ヒュウ〜，ヒュルルン，ルンルンルン〜」と，ひとりでよく歌っている。5歳児クラスに進級した4月も，七夕が近づいた頃に皆で「七夕」の歌を歌った後も，保育者が「さあて，次は何歌おうかな〜」と言うと，決まって「（北風小僧の）貫太郎がいい！」と言う。

　「北風小僧の貫太郎」という歌の歌詞は，冬の到来を「北風小僧の貫太郎

街にやってきた」という比喩的な表現で表したものである。それゆえ，歌詞の意味的な側面から考えれば，この歌は冬に歌われるのがふさわしく，春や夏という季節的状況とは合わない。しかし，ハルオは，季節とは無関係にこの歌を歌うことを好んでいる。それは，ハルオが歌詞の内容よりも，歌のメロディーや言葉の響きに乗ることを楽しんでいることの表れとして解釈できるだろう。

　このように，歌を歌うことの楽しみは，音そのもの（言葉の響きやメロディー）に乗る楽しみだと言ってよいだろう。

3）替え歌の楽しみ

　以上のように，歌においては歌詞の意味的な内容よりも音そのもの（言葉の響きやメロディー）の方が重要であり，歌う楽しみが音そのものに身体が乗る楽しみであり，歌詞の意味は曖昧になるとすれば，替え歌はそのこと自体を遊ぶものである。

事例6-4　「ひな祭り」の替え歌を歌う

　5歳児クラス，2月の下旬。ひな祭りが近づいてきたので，集会時に「ひな祭り」を歌うようになったある日のこと。サトシとリョウが廊下を歩いているとき，サトシが「灯りをつけたら」と歌い出す。すると，それに合わせてリョウが「消えちゃった〜」を大きな声で唱和する。続いて，サトシが「お花をあげたら」と歌うと，リョウは「枯れちゃった〜」と大きな声で唱和し，二人でおかしそうにゲラゲラ笑い合っている。

　替え歌は，もとの歌（本歌）と同じメロディーにのせて，本歌とは異なる歌詞を歌うものである。それゆえ，替え歌を歌う者も聞く者も，本歌の歌詞を思い浮かべつつ，本歌とは異なる歌詞を聞くことになる。例えば，サトシとリョウは，「灯りをつけたら，消えちゃった〜」と歌っているとき，本歌の「灯りをつけましょ，ぼんぼりに」という歌詞を想起しつつ歌っているはずである。そうだとすると，「ひな祭り」のメロディーの上では，相反する二つの意味（「ぼんぼりに灯がともる」，「灯が消えてしまう」）が存在することになり，替え歌を歌ったり聞いたりする者にとって，この歌はどちらか一つの意味に決定

されるのではなく，二つの意味を受け取ることになる。言い換えれば，二つの意味の間で揺れることになるのである。このような「揺れ」が，遊びになっていると考えることができる。リョウが，本歌と歌詞が異なる箇所を大きな声で強調して歌っているのは，そうすることによって「揺れ」が強調されるからである。替え歌を作る楽しみは，このような「揺れ」を作り出し，同じメロディー上での多様な意味を楽しむことにあると言えるだろう。

（2）音楽の身体性

1）身体的な記憶

　自転車に乗ったりスキーで滑ったりすることは，その方法を頭で理解してもすぐに乗れたり滑れたりするものではない。足の動かし方や体重のかけ方を，身体が学び覚えることによって初めて可能となるものである。言い換えれば，自転車に乗ったり，スキーで滑ったりする，ということは身体的な行為であるがゆえに，その方法は頭で覚えるのではなく，身体で覚えるのである。

　このことは，身体的な表現である音楽表現の場合も同様である。例えば，楽曲を記憶するには，歌う，楽器を演奏する，などの，実際に身体を使って表現する行為を伴わなければ不可能である。覚えた曲を思い出すのにも，実際に歌ったり演奏したりするという身体的行為を伴うことが必要である。音楽の記憶は，身体的な記憶なのである。

　私たちの記憶が身体と結び付いていることを研究した認知心理学者の佐々木正人は，昔の人々が言葉を記憶するときに言葉にリズムやメロディーを付加して歌のようにして覚えてきたことを言葉の「からだ化」と呼んでいる[3]。言葉の「からだ化」というのは，言葉の意味内容を記憶するのではなく，言葉の響きを覚えることである。響きを覚えることは身体のリズムとして覚えることなのである。昔の人々に限らず，現代の私たちでも，年号などを覚えるときに語呂合わせをして覚える（例「鳴くよ，うぐいす平安京」）など，その言葉が頭で考えなくても口をついて出てくるようにして記憶することがある。これは言葉の「からだ化」の例である。

1．音楽的表現の意義　*113*

　佐々木は，歌の記憶についての興味深い実験を行っている。大学生と 6 歳児に，よく知られている童謡「むすんでひらいて」を，身ぶりを伴いながら歌う，身ぶりを伴わずに歌う，身ぶりをしてもよいが歌わずに話す，歌も身ぶりも無しで話す，という 4 つの方法で再生するように求めた。すると，歌と身ぶりつきの場合は，再生に失敗する者はいなかった。ところが，歌も身ぶりも無しで話すようにして歌詞を再生する場合には，とまどう者が大変多く，被験者の半数が再生に失敗し，しかも，再生に要する時間が，普通に身ぶりつきで歌う場合の 2 倍の時間を要した。けれども，身ぶりと歌の一方のみの場合は，ほとんど全員が歌詞の再生に成功した。つまり，歌うとか身ぶりを行うという身体的な行為が無いと歌詞を思い出すことが困難であり，歌うか身ぶりを行うかのどちらかの助けがあれば，歌詞を思い出すことが可能である，ということである。このように歌の記憶は，言葉，歌，身ぶり，が一体となったものなのであるという意味で，身体的な記憶だと言えるだろう。

2）状況との結び付き

　私たちの記憶は，状況と結び付いている。例えば，買い物をしようと買う物をいくつか頭に思い浮かべて家を出るが，途中で何を買うはずだったのか，ひとつだけどうしても思い出せないようなとき，もう一度家まで戻り，買う物を思い浮かべた場所に立つと思い出せる，というようなことがある。これは，記憶が身体的なものであるために，身体が置かれる状況と記憶される内容とが結び付いているからである。

　音楽表現がきわめて身体的なものであり，音楽の記憶が身体的な記憶であるとすれば，歌や踊り，楽器演奏の記憶は身体が置かれる状況と結び付いている。

a）状況から身体的に歌を想起する

事例 6 - 5　クリスマス状況が「ジングルベル」を想起させる
　街の様子もクリスマスめいてきた12月初旬のこと。例年と同じように，園の遊戯室にクリスマスツリーを飾っておいた。登園してきた 4 歳のアカリが，すぐにそれを見つけて，「あっ！クリスマス〜！」と言い，「ジングルベール，ジングルベール」と歌い出した。ちょうどそこに登園してきた他の子どもたちも

クリスマスツリーを見つけると「わあー，クリスマスだあ！」と言って走り出し，「ジングルベール」と歌い出したり，「あわてんぼうの，サンタクロース」と歌ったりしていた。

子どもたちがクリスマスツリーが飾ってあるのを見て「ジングルベル」の1フレーズを歌い出したり，「あわてんぼうのサンタクロース」を歌い出したりするのは，この子どもたちが，例年と同じような状況に置かれることによってクリスマスの時期によく歌われる歌を身体が思い出しているからである。寒くなり，人々が暖かい衣服を着て街を歩き，街の中が年末を迎えてせわしない感じになり，デパートや商店街がクリスマスの飾り付けを始めたり，クリスマスの音楽をかけたりして，街の中がクリスマスの雰囲気を漂わせるようになった頃，保育所や幼稚園等でもクリスマスの飾り付けが始まる。このようないわば「クリスマス状況」が，子どもたちにクリスマスの歌を想起させたのである。

このことは，このように行事と結び付いた歌に限ったことではない。例えば，前の週の週末に楽しんでいた楽器作りの雑材を保育室に出しておくと，翌週に登園してきたときにそれを見つけて同じメンバーで再び楽器作りを始める，というようなことは少なくない。それは，その子どもたちの身体が前週の週末と同じ状況に置かれることによって，その遊びを身体的に想起するのである。

b）歌が状況を想起させる　　次に挙げるのは，事例 6-5 とは逆に（状況が歌を想起させるのではなく），歌の方が状況を想起させる例である。

事例 6-6　「ハッピバースデー」の歌から誕生パーティへ
　3歳児クラスのある日のこと。ままごととコーナーではミチコとマユ，ヨシカが，テーブルを囲んで座り，折り紙を破って茶碗に入れて「お料理」をしている。隣の絵本のコーナーでは，マサコが保育者と絵本を見ている。
　すると，絵本コーナーでマサコと保育者が「ハッピーバースデー・トゥー・ユー」と歌い出した。ある絵本のページをめくると蝋燭のたてられたケーキの大きな絵が描いてあり，それを見たマサコが歌い出し，保育者がそれに唱和したのである。すると，ままごとをしていたミチコたちは，それを聞いて，その

場で「ハッピーバースデー〜」と唱和し始め，そのうちにままごとコーナーの
テーブルの上に，ままごと用遊具のケーキを並べ始め，「お誕生会」と言って
いる。

　ミチコたちが，テーブルにケーキを並べ始めたのは，誕生パーティなどでよ
く歌われる歌である「ハッピーバースデー」という歌が，誕生パーティの状況
を身体的に想起させたからである。その想起によって，「ハッピーバースデー」
がよく歌われる際の状況を再現し始めたのである。

　このように，歌の記憶は身体的記憶であるがゆえに，状況と結び付いている。
身体がある状況に置かれることによって，その状況と結び付いた歌を想起する
こともあれば，歌がそれと結び付いた状況を想起させることもある[4]。

　このような状況との結び付きは，歌に限ったことではない。私たちがスレイ
ベルの響きを聞くと，クリスマスを思い出したり，オルガンの響きを聞くと教
会の雰囲気を想起したりするように，身体的な表現全てに言えることである。

3）同　　調

　音楽表現が，きわめて身体的なものであるということは，身体の仕組みに深
いかかわりを持つということである。音楽表現に関して注目すべき身体の仕組
みは，他者との同調である。

事例6-7　リズミカルな言葉を唱和する

　保育者がお帰りの会のときに，クラスの子どもたちに絵本「大きなかぶ」を
読み聞かせた。カブを引っ張るときのかけ声（「うんとこしょ，どっこいしょ」）
の場面では，子どもたちが「うんとこしょ，どっこいしょ」という保育者の読
み聞かせる声に自発的に唱和し始めて，その場面が出てくる度に唱和する人数
が多くなり，最後にねずみが登場して，登場人物全員でカブを引っ張る場面で
は，クラスの子どもたち全員で「うんとこしょ，どっこいしょ」と大きな声で
唱和した。

　事例で，「うんとこしょ，どっこいしょ」というかけ声に，子どもたちが自
発的に唱和するのは，子どもたちがリズミカルな音声に身体的に同調し，それ

に引き込まれていることを示している。

　私たちの身体は，本来，他者の身体と同調する仕組みを持っている。W.コンドンは対話する2人の身体を観察し，次のように述べている[5]。まず，話し手の身体は音声のリズムと身体のリズムが一致（同期）しており，それをコンドンは「自己シンクロニー」と呼ぶのだが，驚くべきことは，話し手の身体のリズムが，話し手の身体を越えて聞き手にも伝わっているということである。コンドンが発見したのは，話し手と相手の身体が，まるで鏡で映し合ったように同じ動きを共有している，という事実である。コンドンはそれを「相互シンクロニー」と呼び，比喩的に「コミュニケーションダンス」とも呼んでいる。

　このようにコミュニケーションの相手の身体のリズムが自らの身体に伝染すること，すなわち身体的に同調することは，人間の身体が生まれた直後から持っている仕組みである。例えば，新生児は他の赤ちゃんが泣き出すと，つられて泣き出すことが知られている（泣きの伝染）。私たち大人でも，もらい泣きをしたり，あくびが伝染する，というような現象が起こる。仲の良い2人がしゃべっているときには，一方が肘をつくと他方も肘をついたり，一方が腕組みをすると他方も腕を組む，というような同じ動きをする様子が見られたり，話し手のリズムに合わせて聞き手が頷く，というようなリズムを共有する様子が見られるだろう。

　コミュニケーションダンスは，人間のあらゆるコミュニケーションの土台となるものであり，他者の身体に同調する仕組みは，その意味で大変重要なものである。哲学者市川浩によれば，このような同調は他者の行動を単に外側から理解するだけでなく，「他者の場を生きる」ものである。言い換えれば，他者の身構えを自分が引き受けてしまう，ということである。人間は，自己として閉じた存在ではなく，このような同調によって相互の領域に侵入し浸透し合う。こうして他者を単に外面的に理解するのではなく，他者の内面をも共有することができるのである[6]。私たちが，他者の気持ちを察したり，共感したりすることができるのは，身体のこのような仕組みによっていると言ってよいだろう。

　こう考えるなら，音楽は，私たちのコミュニケーションにおいて重要な意義

を担っていると言えるだろう。音楽は，身体的同調を引き起こす。パーカッションのリズミカルな響きが聞こえると，私たちの身体はリズムに乗って動き出す。それは身体の同調によるものである。また，誰かが歌い出すと，その周囲にいる人がその歌に乗って歌い出すことがある（例えば，一人の子どもが「あるこう，あるこう」と「さんぽ」を歌い出すと，側にいた子どもたちがそれに唱和する，など）。これも身体の同調によるものである。人々の交わりの密な社会（村落共同体など）において，歌や踊りが日常的に盛んであるのは，共同体のメンバーの身体同士が同調しやすい関係にあるからである。つまり，メンバーが互いの領域に浸透し合うような関係にあることが，歌や踊りの豊饒さとなって表れるのである。

　音楽の発芽的な表現であるリズミカルな音や音声も，身体の同調を喚起する装置となる。事例のようなかけ声だけでなく，くるくる，がらがら，トントン，というようなオノマトペ（擬態語や擬音語）は，リズミカルなものが多く，誰かがこのような音声を発すると周囲の子どもたちがそれに唱和したり，同じ言葉を口々に発するというような場面はよく見られる。リズミカルな音声が子どもたちの身体を同調させるのである。このようなリズミカルな音声を媒介とする同調は，保育者と子ども，子ども同士の関係を深める役割を担う。それゆえ，事例のようにリズミカルなオノマトペの多い読み聞かせや素話の場を頻繁に設定することは，保育者と子ども，あるいは子どもたち同士の同調の機会が多く作り出されることであり，クラス集団の関係性が同調によって築かれることにもなるだろう。

4）「触れる―触れられる」

事例 6 - 8　空き箱を叩く
　遊びの時間に，製作コーナーに置いてあった大きな空き箱を，4歳のケンゴが片手で叩くと，ボンと音がする。ケンゴが今度は両手で交互に叩いていると，ドンドンと太鼓のように箱が鳴る。ケンゴはしばらくの間，それを楽しむかのように，箱を「ダッ，ダダダダッ，ダダッ，ダダダダッ，ダダッ」と，いろいろに叩いていた。

118 第6章 保育の中の表現活動(2)

　私たちが，手でモノに触れる*（例えば，机に触れる）とき，私たちは机を触るという意味では能動の主体であり，机の方はその客体（受動）である。しかし，本当にそうだろうか。私たちは机に触る主体でしかないのだろうか。

　例えば，部屋の中を歩いていて椅子にぶつかったとき，椅子が動いてきて私にぶつかるはずはないにもかかわらず，私たちは思わず「椅子が私にぶつかった」と言ってしまうことがある。同様にして，机に手をしばらくの間触れているとき，私たちは手が机に触れていると感じるだけでなく，机の方が手に触れている，とも感じるはずである。つまり，私たちは何かに触れる経験において，自分の方が主体である，ということが確定されるわけではないのである。つまり，私たちがモノに触れるとき，私たちは触れるという能動の主体であるかと思うと，たちまちそれは入れ替わって，私たちは机（主体）に触れられる客体にもなる，というように，能動と受動とが容易に反転して入れ替わる。どちらが主体でどちらが客体かは明確なことではなく曖昧であって，むしろ両者が明確には分離していない（主客未分）と考えるべきだと思われる。

　このような「触れる」ことに最も顕著である能動と受動の反転・交換は，触覚体験だけに固有のことではない。メルロ゠ポンティは「見る」ことにも同様の構造があることを指摘して，ある画家の次の文章を引用している。「森のなかで，わたしは幾度もわたしが森を見ているのではないと感じた。樹がわたしを見つめ，わたしに語りかけているように感じた日もある……」[7]。森を描こうとすれば，その者は森を「見る」主体となるはずである。しかし，この画家の文章が示しているのは，森を描こうとして森を「見る」主体であるはずの画家が，そうではなく，「見る」主体は森の方であり，私は「見られる」客体であると感じている。ここには，「見る」ことが「見られる」ことでもあるという，「能動－受動」の反転と交換の体験がある。

　このような「能動－受動」の反転・交換は，私たちの身体がモノや他者とか

＊　ここで言う「触れる」とは，モノとの身体的接触によって対象物を触覚的に感知すること。それゆえ，何かにぶつかることや，モノを叩くことも，「触れる」体験のひとつに含まれる。

かかわり合う際の根源的な体験である。しかしながら，私たちが日常生活を営む際には，この根源的な体験は忘れ去られている。私たちは，自分が常にモノや人に働きかける能動の主体か，何かをされる側（受動）かのどちらかだととらえる思考法に慣れてしまっているからだ。

けれども，このような根源的な体験の構造が，ときとして露わになることがある。芸術行動はその一つである。例えば，芸術家は自分の内部にあるイメージをもとに作品を創り始めるが，創り始めたとたん，彼は自分の作品にイメージを触発されることになる。画家が何度もデッサンを繰り返したり，彫刻を削り取ったりして色や形を変容させるとき，また，音楽家が何度もフレーズの断片を創りなおしたり，あるメロディーを練習したりして音やリズム，テンポを変化させるとき，芸術家は，自分の内的なイメージにしたがっているのか，創りつつある作品にしたがっているのか，画面や音楽の秩序にしたがっているのか，彼自身が区別することはできないだろう。

事例のケンゴの体験は，このような根源的な体験の最も原初的なものであり，その意味で音楽行動の発芽だと言うことができる。ケンゴが空き箱を叩くと音が出るのだが，このとき，音は箱からのみ出るのではない。手からも出ているのである。音は，手と箱が触れ合うことによって出る。ここには「触れる－触れられる」という反転・交換の体験が含まれている（ケンゴの手は触れる主体であると同時に箱に触れられる客体でもあるのだから）。そこで出る音は，その根源的な体験の一面なのである。また，そのようにして出た音によって刻まれるリズムは，ケンゴが生み出しているのであるが，同時にケンゴの身体がそのリズムに乗って（あるいは乗せられて。身体的に同調して）新たなリズムを生み出す。つまり，ケンゴはリズムを生み出すという意味では能動的だが，そのリズムに突き動かされる（身体的同調は意図を越えて起こる）という点では受動的であり，「能動－受動」の反転・交換の体験である。

以上，音楽的表現のいくつかの事例をとりあげて，それらが主体としての基層にある重要な体験の構造を持つことを述べてきた。このような音楽的表現に

120 第6章　保育の中の表現活動(2)

保育者は目を向け，それを育てるようにしたい。

　それでは，このような表現を育てるには，保育者はどのようにすればよいの
だろうか。それには，このような音楽的な表現が，他者とのかかわりの中でど
のように変化するのかを見ておく必要がある。

2．他者とのかかわりの中での音楽的表現

　音楽表現に限らず，あらゆる表現は他者とのかかわり合いの中で行われるも
のである。それゆえ，他者とのかかわり合いの中での子どもの音楽的な表現が
どのように展開するかを，具体的な事例をもとに見てみよう。

（1）他者とのかかわり合いの中で変化する表現
1）表現のモデル―動機形成

> 事例6-9　年長児の歌う「ポーレチケ」がモデルとなる
> 　5歳児クラスの部屋から「さあ，楽しいポーレチケ，ポーレチケ，ポーレチ
> ケ‥」と「ポーレチケ」を歌う声が最近よく聞こえてくる。5歳児クラスの子
> どもたちの好きな歌だ。この歌が聞こえてくると，3歳児クラスや4歳児クラ
> スの子どもたちは，歌の聞こえてくる5歳児の部屋の近くに行き，窓から5歳
> 児クラスの子どもたちが歌っている様子を羨ましそうに見て，身体を揺らしな
> がら「…ポーレチケ」の部分だけ唱和する姿が見られることがよくあった[1]。
> 　4歳児クラスでは，帰り支度をしているときに，S子が「ポーレチケ，ポー
> レチケ」と「ポーレチケ」の歌の一部だけを口ずさむと，K男やY子たちも口々
> に「ポーレチケ，ポーレチケ」と同じように歌うことがよくあった[2]。けれど
> も，4歳児クラスの子どもたちは，その曲全部を知っているわけではないので，
> 「ポーレチケ」の部分だけしか歌えない。そのうちに，「先生，ポーレチケ教え
> て」「ポーレチケの歌，歌いたい」と保育者に言ってくるようになった。

　この事例は，子どもの表現の動機が，他者とのかかわりあいの中で形成され
てくることを示している。

　4歳児クラスの子どもたちが「ポーレチケ」という歌を歌いたいと思うよう

2．他者とのかかわりの中での音楽的表現　*121*

になる過程は，次のように考えられる。4歳の子どもたちは，5歳児クラスの子どもたちが歌う様子を見たり聞いたりしたときに，その姿に憧れ，5歳児の歌に唱和している（下線1）。これは，5歳の子どもたちの歌に身体的に同調することである。こうして歌の一部が子どもたちの身体に記憶され，帰り支度をしているときに記憶を想起して歌う（下線2）。しかし，「ポーレチケ」というフレーズ以外の箇所は，記憶が定かでないので歌全体を歌うことができず，保育者に教えてほしいと要求するのである。つまり，5歳児の歌う様子が4歳の子どもたちの憧れのモデルとなり，それに身体的に同調することと，それを再現したくてもできないこととが，「ポーレチケ」の歌を歌いたいという動機を形成していると考えられる。

　このように考えると，音楽的な表現の動機形成には，子どもにとって憧れの対象となる表現のモデルが重要な役割を担っていると言えるだろう。このような表現のモデルとなりうるのは，事例の場合は年長児の表現である。しかし，モデルとなる可能性が最も高いのは，保育者の表現である。事例6-10はそのような例だと言えるだろう。

事例6-10　保育者の手遊びがモデルとなる
　3歳児クラス。遊びの片づけが終わりかけた頃，保育者が側にいるカオリと視線を合わせながら「さあさ，お風呂〜が沸いたかな，お父さんゆび〜がちゃっぽん」と手遊び歌を始めると，すぐにカオリがそれに唱和して手を動かし始める。手を洗っていた子どもや，ふざけていた子どもたちも保育者とカオリの側にやってきて唱和しながら同じように手を動かし始めて手遊びをする。

２）保育者とのかかわり合いによって表現が安定する

事例6-11　3歳児の歌う「まつぼっくり」を保育者が支える
　3歳児クラス。帰りのバス（送迎バス）の中で，「まつぼっくり」を誰かが歌い始めると，すぐに3歳児クラスの子どもたちが唱和する。この歌は，先日から隣の4歳児クラスからよく聞こえてきている歌で，いつのまにか3歳児ク

ラスの子どもたちも覚えてしまった歌である。しかし，「た〜かいお山にあっ
たとさ〜」の次の歌詞とメロディーがおぼつかず，そのフレーズが終わると，
皆口ごもってしまい，しばらくするとまた誰かが初めから歌い出す。

その様子を見ていた保育者が「た〜かいお山にあったとさ」と子どもたちが
歌ったのに続けて，「ころころ，ころころあったとさ〜」と歌うと，子どもた
ちはその部分を保育者の方を見ながら口をもごもごさせ，それに続けて「お猿
が拾って食べたとさ〜」の部分は保育者に唱和していた。その後も同じように
して，保育者が「ころころ・・」の部分になるとその部分を歌っていると，次
第に子どもたちもこの部分を歌えるようになってきて，保育者に元気よく唱和
して一緒に歌うようになり，そのうちに保育者が歌わなくても歌えるようにな
った。

翌日からの帰りのバスの中では，子どもたちだけでまつぼっくりの歌を何度
も繰り返して歌う姿が頻繁に見られるようになった。

　この事例は，子どもたちの自発的な歌唱表現が，保育者に支えられることに
よってより安定した表現になり，子どもたちが保育者の関与が無くても，自分
たちで歌うようになる様子を示したものである。このように，子どもたちが大
人からは独立的なかたちで表現するようになることは，子どもたちがその歌唱
表現の担い手となることであり，その歌は子どもたちの文化（「子ども文化*」）
になったのだと言うことができる。子どもの主体的な音楽表現を育てるという
ことは，このように子どもが音楽文化の担い手となることであり，音楽表現が
「子ども文化」となることである。

　3歳児クラスの子どもたちは，4歳児クラスが歌っていた「まつぼっくり」

＊　例えば，藤本浩之輔は「子ども文化」を「子ども達によって習得されたり，創りだされたり
した子ども達固有の生活様式（行動と行動の諸結果）であって，子ども達の間に分有され，伝
承されているもの」と定義し，コマ回しなどの伝承遊びを例に挙げている。「子ども文化」と
いう言葉は，このように子どもが主体的に文化財（大人が作り与える文化財）を選び，それと
関わりながら子ども自らが表現を作り出してゆく行動様式を指すものとして用いられる。「児
童文化」という言葉に含まれる，大人が子どものために作り与える文化財という意味を問題化
し，子どもの主体性を見ようとした児童文化論者は，藤本の他に，本田和子，高橋さやか等が
いる。詳細は，岩田遵子：現代社会における「子ども文化」成立の可能性－ノリを媒体とする
コミュニケーションを通して－，風間書房，2007。

を覚えて，バスの中で自発的に再生を始めるのだが，ある箇所に来ると再生が滞る。そこで，それまでは子どもたちの歌うのを聞いていた保育者が，子どもたちの再生の滞る箇所になると，子どもたちのリズムに合わせて一緒に歌い，歌の再生をリードしている。子どもたちは，その保育者の歌に同調し，最初は歌詞がわからず口をもごもごさせていたが，そのうちに歌詞もはっきりと歌えるようになり，保育者が抜けても自分たちで歌を再生することができるようになっている。

　ここで注目すべきなのは，事例の保育者の子どもたちの歌唱表現への関与のあり方である。例えば，子どもたちの表現が滞るときに，保育者が「そこはね，ころころ，ころころ，あったとさ〜，って歌うのよ」という風に，子どもたちに声をかけて模範を示す，というかかわり方もあるかもしれない。しかし，このようなかかわり方は，事例の保育者のかかわり方とは異質なものである。「そこはね」と言葉をかけることによって，子どもたちの歌の再生を一旦遮ることになるからである。しかし，事例の保育者は，子どもたちの歌を歌い継いでいる。これは，子どもたちのリズムやメロディーの再生を遮らず，またそれを途絶えさせることのないようにするかかわり方であり，子どもたちのリズムを尊重しているかかわり方だと言える。そのことは，事例の保育者が，子どもたちが元気よく歌える箇所は特に一緒に歌わないが，子どもたちの歌の再生が不安定な箇所では歌をリードしていることからもうかがえる。このような介入の仕方は，子どもたちが，大人からは独立的に自分たちでリズムやメロディーを再生してゆくことを尊重し，それを育てようとする援助のあり方だと言えるだろう。

　このような援助のあり方こそ，「子ども文化」（子どもの自発的な表現）の生成を促すものである。

3）表現の定着──「文化」の形成

事例 6-12　「ワッショイ，ワッショイ」の定着
　4歳児クラス。遊びに使った積み木を片づける際，保育者が「ワッショイ，

ワッショイ」とかけ声をかけながら大きな積み木を運んでいると，一緒に積み木を運んでいたマサオやヒロシが「ワッショイ，ワッショイ」と唱和し始め，保育者が「ワッショイ」と言うと，すぐにそれに続けて子どもたちが「ワッショイ」と唱和し，「ワッショイ」（保育者），「ワッショイ」（子どもたち）と，保育者と子どもたちのリズミカルなかけ合いになった。

　翌日もその翌日も，積み木を片づける際には，保育者が同じようにかけ声をかけ始めると，子どもたちが直ぐに唱和してかけ合いになる。保育者は少し声を小さくしたり，ときどき声を出すのをやめてみたりする。すると，保護者が声を出さなくても少しの間は子どもたちのかけ声が続いている。けれども，しばらくすると，子どもたちのかけ声が小さくなったり，止んでしまいそうになる。そこで，保育者がまた声を大きくして「ワッショイ，ワッショイ」とかけ声をかけると，子どもたちはすぐにまた「ワッショイ，ワッショイ」と唱和する。

　そのようなことが毎日繰り返されるうちに，いつのまにか，積み木を片づける際には，保育者が特に声を出さなくても，子どもたち同士で「ワッショイ」「ワッショイ」と唱和しながら積み木を運ぶ姿が見られるようになった。

　このクラスでは，もともと，積み木を片づけるときに「ワッショイ，ワッショイ」というかけ声を子どもたちがかけていたわけではない。最初は，保育者のみがかけ声を発したのである。しかし，最終的には，保育者の関与無しに，子どもたちが自発的にかけ声をかけるようになっている。片づけの際の「ワッショイ」というかけ声は，このクラスの「子ども文化」となったのである。

　「ワッショイ」が「子ども文化」となるために，保育者の果たした役割は小さくない。最初のうちは，保育者の発する「ワッショイ，ワッショイ」が子どもたちのモデルとなって，子どもたちの身体的同調（唱和）を引き起こす。保育者は子どもたちの唱和が始まると，声を出すことをやめて子どもたちのみで唱和が続くかどうかを見ている。子どもたちだけでは唱和が続かなくなりそうになると保育者が再びモデルとなり，子どもたちの唱和が続くように支えている。こういうことが毎日積み木を片づけるときに繰り返されるうちに，積み木を片づける際の「ワッショイ，ワッショイ」は，保育者と子どもたちの共有す

2．他者とのかかわりの中での音楽的表現　*125*

る記憶として身体に蓄積されるようになる（このように共有された記憶が身体に蓄積されたものを「集合的記憶*」と呼ぶことができる）。積み木を片づけるという状況に身体が置かれると，その記憶を，保育者と子どもたちの身体が同調しながら思い出す（このことを「共同想起」と言うことができる）のである。次第に，保育者がそこに介入しなくても，子どもたち自身がかけ声を共同に想起するようになる。

　この事例が示しているのは，子どもたちの中に歌いたいという動機が形成され，子どもたちが自発的に唱和するようになる状況を，保育者が子どもとのかかわりの中で構成してゆき，子どもが自発的に歌ったり踊ったりする表現が園の中に定着するようになる，ということである。それゆえ，子どもたちが自発的に歌ったり，音楽の発芽的な表現をするような場面が少ないとしても，保育者のかかわり方によっては，子どもの自発的な音楽的表現が，その園の文化（「子ども文化」）になってゆく可能性はあるのである。

（2）音楽的な遊びが園の文化となっている例

事例6-13　例年行われる「楽器作り―― 音楽会ごっこ」

　夏休み明けの5歳児クラス。この園の5歳児クラスは毎年，夏休みが明けると決まったように製作コーナーで楽器作りが始まり，盛り上がってしばらく続く1)。

　〔楽器作りが始まる〕今年の9月のある日，製作コーナーにいたヨシキが，紙の切れ端などを入れた空き箱とペットボトルを振って音を出していた（ヨシキ

＊　アルヴァックス，M.：集合的記憶，行路社，1989。「集合的記憶（collective memory）という言葉は，記憶が一般には個人のものと考えられているのに対して，記憶が集団のものであるという意味で用いられている。アルヴァックスによれば，われわれは孤立した存在ではなく常に何かの集団（社会）に属している存在であり，この意味で，記憶は「集合的なもの」である。事例6-12の「ワッショイ」というかけ声は，保育者と子どもたちとのクラス集団の記憶となっているものであり，この意味で「集合的記憶」だと言うことができる。
　　「集合的記憶」という言葉を最初に用いたのは，デュルケームの「集合表象」の考えに影響を受けたアルヴァックスだとされているが，現在の社会学等の領域においては一般用語として用いられる言葉である。なお，保育における集合的記憶については，岩田遵子：「保育における長期指導計画とは何か―― 集合的記憶としての生活の流れ ――」（音楽学研究2音楽教育の実践研究），日本音楽教育学会30周年記念論文集，音楽之友社，2001。

は音楽が好きで，普段から園のボンゴやコンガを叩いたり，鈴を鳴らしたりしている子どもである。昨年の年長児たちが自分たちの作った「楽器」で音楽会ごっこをしていたとき，ヨシオも自分で作った「楽器」を手にして，年長児たちの様子を側で羨ましそうにずっと見ていた 2)。

　ヨシオの近くにいたカナとムツミが製作コーナーに置いてあった空き箱を叩きだし，カズキやチハルも牛乳パックを叩き合わせたり，中に紙くずを入れて振ったりして音を出し始めた 3)。

　翌日，空き箱や割り箸，牛乳パックその他の雑材を机の上に出しておくと，ヨシオ，カズキ，カナ，ムツミ，チハル，メグミが楽器作りを始め，保育者のところに来て音を出してみせる。保育者は「いい音ね」と答えている。

　保育者は，昨年の年長児たちが箱に輪ゴムをはめて弾いて音を出していたことを思いだし，翌日，製作コーナーの近くに空き箱や割り箸と一緒に輪ゴムや釘なども置いておいた。すると，案の定，ヨシオやチハルたちが箱に輪ゴムをはめて弾いて音を出したり，カナやメグミは釘で輪ゴムを弾いたりしていた。

　マサルの作った「楽器」は，木の箱に針金やヘアピンを貼り付けたもので，サンザに似ている。マサルが指で弾いて音を出す姿に保育者はとても驚いて「マサくんて凄い」と感心する。「毎年，とてもユニークな「楽器」が出てくる 4)ので，子どもの凄さを感じる。とても楽しい」と保育者は言う。

　このようにして始まった楽器作りの遊びは，その後ひと月ほどのうちにクラスの3分の2くらいに拡がった。

〔音楽会ごっこが始まる〕10月に入ったある日，カナ，メグミ，チハル，アサミ，モモコの5人が，園でよく歌う歌に合わせて，思うままに楽器を鳴らしているとき，保育者が前年の5歳児クラスが好きでよく音楽会ごっこで演奏していた曲をピアノで弾く 5)と，突然チハルが「あっ」というように手作り楽器が置いてある所に走ってゆき，空き箱に輪ゴムのかかった「楽器」を持ってきて鳴らし始める 6)。アサミ，カナたちもそれに続く 7)。メグミ，モモコ，ムツミは，職員室からスーツケースほどの大きな箱に小豆が入った「波の音のする楽器」（昨年の5歳児クラスがそう呼んでいた）を持ってくる 8)。空き箱に輪ゴムのかかった「楽器」も「波の音のする楽器」も，昨年の5歳児クラスがこの曲を合奏するときに活躍していた「楽器」である。チハル，メグミ，ムツミたちが「音楽会やりた～い」と言い，自分たちでさっさと椅子を並べ始めるとヒトミとケイが「入れて」と言って加わり，椅子を運ぶのを手伝う。音楽会ごっ

こは，この園の5歳児クラスの子どもたちが毎年この時期によくやる遊びであり，前年の5歳児クラスもよくやっていた 9)。

　メグミが「お客さんがいない」と言うので，「もも組さん（4歳児クラス）に言ってみたら？」と言うと「音楽会が始まりまぁす」「聞きに来てくださぁい」と大きな声で4歳児クラスに宣伝に行く。

　「音楽会？僕も入れて」「僕も」「私も」「入れて」「入れて」と製作コーナーにいたヨシキ，カズキ，ヒロアキやままごとコーナーにいたカナエ，ヨシコたちも加わる。4歳児クラスの担任保育者は，「え？　音楽会が始まるんですって？　行ってみなくちゃ」と立ちあがる 10)と，側にいた4歳児クラスのマホやミズキたちも一緒に立ちあがって，担任について5歳児クラスに行って，椅子に腰掛ける。こうして，音楽会ごっこが始まった。

　10月に始まった音楽会ごっこは，12月まで続いた。前年の5歳児クラスがよく演奏していた曲や，今年の5歳児クラスの子どもたちが好きな曲を何度も繰り返して演奏した 11)。むろん，毎日音楽会ごっこばかりやっているわけではなく，サッカーやレストランごっこなどの遊びも続いているのだが，誰かが音楽会ごっこを始めると，それらの遊びを中断して音楽会ごっこに加わるのである。時には，5歳児クラスの3分の2以上の子どもたちが「音楽隊」になることもしばしばだった。

　この間，保育者が意図的に直接音楽会ごっこを盛り上げようとすることはほとんどなかった。子どもが「音楽会始まるからピアノ弾いて」と頼みにきたときは伴奏をするが，保育者の方から音楽会ごっこをすることを誘いかけたり提案したりしたことは一度も無い。保育者によれば「今年の音楽会ごっこはとても盛り上がった 12)から」であり，年によっては誘いかけることもあるという。「一昨年の5歳児クラスはおとなしい子が多くて，保育者が一緒にやらないとなかなか続かず，苦労した 13)」が，今年を含めてたいていの場合は，保育者の方から意図的に働きかけなくても，子どもたちの求めに応じてピアノを弾いたり，テープをかけたりする程度で，音楽会ごっこが3か月くらいは続く。

　この事例において，5歳児クラスの子どもたちが楽器作りを始め，音楽会ごっこへと展開させるのは，子どもたちの自発的な表現行為であるように見える。少なくとも事例を読む限りでは，9月にヨシオが楽器を作り始め，カナ，それに続いてムツミ，カズキ，チハル，メグミたちが楽器作りを始めるのも，10月

128 第6章 保育の中の表現活動(2)

にチハルたちが「音楽会ごっこをやりたい」と言い出して音楽会ごっこを始める
るのも，それは子どもたちの発意によるもので，保育者が誘いかけるなどの直
接の働きかけはないように思える。

　それでは，このような楽器作りから音楽会ごっこへの遊びに，保育者の関与
は全くないのだろうか？

　そうではない。事例に見るように，夏休み明けに始まった楽器作りが音楽会
ごっこへと展開し，それがクラスの半分以上を巻き込みながら3か月の長期に
わたって続くという遊びの過程は，このクラスの子どもたちが音楽好きだから
とか，クラスの団結力が強いから，というような理由では説明ができない。事
例の子どもたちだけでなく，この園の5歳児クラスは毎年そのように展開する
のである。

　「毎年夏休みが明けると決まったように製作コーナーで楽器作りが始まり」
（下線1），「音楽会ごっこは5歳児クラスの子どもたちが毎年この時期にやる
遊びであ」（下線9）ること，保育者が年によって異なる遊びの展開に対して
かかわり方を工夫していること（「今年の音楽会ごっこはとても盛り上がった」：
下線12，「一昨年の5歳児クラスはおとなしい子が多くて，保育者が一緒にやらない
となかなか続かず，苦労した」：下線13）は，事例の園の「楽器作り—音楽会ごっ
こ」の遊びが，年月をかけて伝承され，積み上げられてきた文化となっている
ことを示している。環境と保育者と子どもとのかかわり合いの蓄積が，保育者
と子どもたちの集合的記憶となって，この園の文化となっているのである。

　このような集合的記憶は，私たちの表現や行動を方向付ける。例えば，徳島
の人々が，お盆が近づくと「踊りたくて身体がうずうずしてくる」のは，徳島
の人々がお盆になると阿波踊りを踊るという地域の中で長い年月をかけて蓄積
された集合的記憶を共有しているからである。

　このような集合的記憶はどのように形成されたのだろうか。事例からそのこ
とをうかがい知ることができる。

1）モデルによる動機形成

　事例の年長クラスが楽器作りや音楽会ごっこをやりたい，という動機は，前

年の年長クラスの遊びに憧れていることによって形成されている（p.120, 1）表現のモデル―動機形成 参照）。前年の年長クラスが音楽会ごっこをしているときに，それを羨ましそうに見ているヨシオの姿が観察されている（下線2）。音楽会ごっこで，昨年の5歳児クラスがよく演奏していた曲を演奏したり，同じような「楽器」を作ったりするのは，昨年の年長クラスが演奏していた様子を見たり聞いたりして憧れていたからである。

　また，4歳児クラスの担任保育者の見せる「（音楽会を）聞きに行かなくちゃ」（下線10）という態度は，5歳児クラスの音楽会ごっこを好ましく受け止めている態度であると同時に，4歳児クラスの子どもたちが5歳児クラスの遊びに強い関心を持つ態度のモデルともなり，憧れの態度の形成に繋がるだろう。子どもたちは保育者の身体的行為に同調するからである（p.115, 3）同調 参照）。昨年の4歳児クラスの担任が同様の態度をとっていたとすれば，それが昨年の4歳児クラスの子どもたちの5歳児クラスに対する憧れを形成する役割を担ったと考えられる。

2）身体的な想起

　「楽器作り―音楽会ごっこ」は，昨年と同じ時期（夏休み明け），同じ場所（5歳児クラス保育室の製作コーナー），同じモノ（空き箱や輪ゴムなど）によって展開している。これは，事例の子どもたちが，昨年の5歳児クラスの演奏を見聞きしているときに潜在的に同調しており，昨年と同じ状況に身体が置かれることによって，その同調の記憶を身体的に想起したのである（p.113, a）参照）。

　製作コーナーを設定し同じモノを用意したのは保育者である。保育者は子どもたちの身体的想起を起こしやすい環境を構成したのである。

3）共同想起

　事例の子どもたちは，前年の5歳児クラスの遊びを身体的に想起するのだが，それは，子どもたちがそれぞれバラバラに想起するのではない。誰かが想起すると，同じ状況に置かれた身体がそれに同調するのであり，この意味で共同想起である（p.115, 3）同調 参照）。例えば，ヨシオが楽器作りを始めると，それがカナやムツミ，カズキ，チハルに拡がる（下線3）が，これは，ヨシオの

昨年の遊びの想起に，同じ状況に置かれたカナたちの身体が同調し，カナたち
も昨年の遊びを想起することだと考えられる。昨年の５歳児クラスがよく演奏
した曲が流れると，チハルが「楽器」を取ってきて鳴らし始め（下線６），そ
れに続いてアサミやカナも鳴らし始めたり（下線７），昨年の５歳児クラスが
使っていた「波の音のする楽器」を持ってきたりする（下線８）のも同様であ
る（チハルは曲を耳にして昨年の音楽会ごっこを想起し，それにアサミ，カナ，
メグミ，ムツミが同調する）。そうだとすると，保育者が昨年の５歳児クラス
が好んで演奏した曲を弾く（下線５）ことが，共同想起のきっかけとなってい
ることになる。保育者は，共同想起が起こりやすい環境を用意したのだと言え
るだろう。

４）想起の現在性（記憶を思い出すことは，単なる貯蔵された過去の再現ではないこと）

　このように，前年の遊びを子どもたちが翌年共同に想起する，と言うと，前
年の遊びの単なる模倣，再現のように聞こえるかもしれない。けれども，決し
てそうではない。今年の５歳児クラスの作る「楽器」は，前年の「楽器」を真
似たものもあるが，前年には見られなかったものもある。それは，毎年ユニー
クな「楽器」が出てくる（下線４），という保育者の発言からうかがえる。ま
た，音楽会ごっこでは，昨年の５歳児クラスがよく演奏した曲も演奏されてい
るが，今年の５歳児クラスの子どもたちが好きな曲も演奏されている（下線11）
。このように，「楽器作り―音楽会ごっこ」は，前年の共同想起でありながら，
今年独自の要素もたくさん含まれているのである。

　一般には，記憶というと過去の貯蔵というイメージがつきまとうので，記憶
の再現（想起）というのは，貯蔵された過去の再現と思われがちである。しか
し，想起する身体は過去のそれと同じではない。事例の５歳児たちの身体は昨
年の４歳のときの身体とは異なるし，なによりも遊びへの参加の仕方が異なっ
ている。昨年は，年長クラスの楽器作りや音楽会ごっこを憧れて見ていたいわ
ば周辺的な参加だったのであり，今年は，その遊びの中心にいる。前年とは異
なる文脈に置かれているので，身体のありようも異なってくるのである。この

ような身体のありようの違いが，遊びを前年とは異なるものにしているのである。想起は過去の単なる再現ではなく，現在性を持つのである。

　以上のように見てくると，子どもたちが自発的に展開させているように見える遊びも，保育者が間接的に関与することによって，子どもと保育者とのかかわり合いの中で，遊びをその園の文化として定着させるように構成していることがわかる。

　現代の高度な消費社会・情報社会においては，音楽がアメニティーとして消費されることが進む一方であり，私たちは自分たちで音やリズムを作り出すことをしなくなる傾向に拍車がかかっている。大人が何もしなければ子どもたちの音楽的な表現はいっそう失われていくだろう。幼稚園や保育所等で，保育者は子どもとかかわり合いながら，音楽的な表現の文化を構成するような役割を担っていくことが求められる。

■引用文献

1 ）前川陽郁：音楽と美的体験，pp.175-179，勁草書房，1995

2 ）尼ヶ崎彬：日本のレトリック，pp.80-107，筑摩書房，1994

3 ）佐々木正人：からだ:認識の原点，pp.98-111，東京大学出版会，1987

4 ）岩田遵子：「共同想起としての歌―『一緒に歌いたい』という動機形成に保育者は
　　いかにかかわりうるか―」（「遊び」の探究―大人は子どもの遊びにどうかかわりうる
　　か―，小川博久編著），pp.211-240，生活ジャーナル社，2001

5 ）佐々木正人：からだ:認識の原点，pp.150-157，東京大学出版会，1987

6 ）市川浩：精神としての身体，pp.105-109，勁草書房，1975

7 ）メルロ=ポンティ,M.：眼と精神，p.266，みすず書房，1966

第7章
保育の中の表現活動（3）
―総合的な表現活動から―

　保育所や幼稚園等で子どもと共に暮らしていると，子どもが友達や保育者のしていることをじっとみつめるまなざし，はさみで切ったり描いたり何かを作ったりしているときの真剣な表情，何かのイメージになりきった伸びやかな身体の動きに，保育者はしばしば魅せられる。

　子どもたちは，毎日の生活を取り巻く環境とかかわる中で，不思議さ，面白さ，美しさなど，様々なことを感じ，心を動かす。そして，そこで感じた自分の思いを何とか表現しようとする。子どもたちの表現する力は，言葉の語彙にしても技術的な能力にしてもまだ拙い。しかし，子どもの内から出てくるありのままの表現，今もっている限られた力をすべて駆使しての表現は，たとえようもない素晴らしさを秘めている。外へ向けて表そうとする意欲やエネルギーは，乳幼児期の子どもの生きる力のたくましさ，学びの深さにつながる源だと感じる。

　本章では，子ども一人ひとりが生活の中で表現した小さなことが活かされ，友達や物とつながり，かかわりを広げたり深めたりしつつ，協同的に表現を楽しむことを総合的な表現活動と捉える。保育者は，幼稚園教育要領等の領域「表現」のねらいである，①「豊かな感性をもつ」こと，②「自分なりに表現して楽しむ」こと，③「イメージを豊かにし，様々な表現を楽しむ」ことを心にとめながら，子ども一人ひとりのよさが活かされ，それぞれのよさが合わさって，創意工夫するエネルギーが実を結ぶような活動を保障し，展開していくことをめざす。

　保育者の役割である，①子どもの思いを大切にし，子どもが何に心を動かし，

どんなことをイメージしているのかを受け止めること，②子どもがイメージの世界をより楽しみ，主体的に表現していかれるように援助すること，③他の子どもや保育者と出会いやかかわりを広げ，表現を共に楽しめるような環境を構成すること，等について事例を通して考えていく。

1. もの・友達とつながる

事例7-1　カブトムシ作りとお散歩（3歳児9月）
　シンノスケの兄が3歳児保育室に来て，紙で作ったカブトムシを弟に嬉しそうに見せていた。兄がいなくなった後，シンノスケは製作机で残り紙を使って，はさみで切っては貼り付けて何かを作り始めた。保育者が近づいて「何を作っているの？」と尋ねると「カブトムシだよ」とシンノスケは答える。
　保育者は「あら，素敵ね。シンノスケ君のカブトムシが住むお家を作ろうかな」と言いながら，模造紙で大きな木を作る。その木をついたてに貼り，カブトムシを動かしてみる。シンノスケも自分で止まらせたり動かしたりする。ヒロトがすぐに気付き「ぼくも作りたい！」と言い出す。「ヒロトは描けない」と言うので，保育者は座っているヒロトの背後に回り，手を持ちながら描いてみる。ヒロトは「うん，そうそう」と手元をみつめながら嬉しそうな表情をする。ヒロトは切るのもできないと言うので，保育者がモモコに「切ってくれる？」と頼むと「いいよ」という返事がかえってくる。モモコが切る様子をじっとみつめていたヒロトは，満面の笑顔で「モモちゃん，ありがとう」と言うと，カブトムシを持って木の方へとんでいく。
　翌日，ショウタが「僕も虫作るんだった！」と保育者に言ってくる。「僕はクワガタにする」と言う。そして，クワガタムシを作りながら「ひもで引っぱりたい」とつぶやく。保育者は「お散歩させてあげるといいわね」と答え，虫の下に透明の平たい容器を付け，麻ひもを付けて渡す。
　ショウタは出来上った虫を床に置き，そっと引っぱってみる。容器の土台を付けたことで立体感がでて，本当に虫が動くような感じになる。

一緒にお散歩（3歳児9月）
　シンノスケやヒロトもそれを見て「ぼくもひも付けて！」「引っぱりたい」

と言ってくる。ひもと容器を付けると，シンノスケ，ヒロト，ショウタはそれぞれに自分の作った虫を引っぱり，保育室内を歩き回る。しばらくすると三人は，虫をもって園庭に出かけて行った。今までは，あまり一緒に遊ぶことがなかった三人，その後も「また，お散歩行こうよ」と声をかけ合って散歩をする姿が見られた。引っぱって歩く様子を見てみると，けっこう安定感があり，階段もうまく上ったり下りたりできる。

三人がひもを付けて引っぱっているのを見て，多くの子どもが虫やちょうなどを作る。おばけも登場した。そして，保育者も一緒にみんなで園庭にでかけて散歩を楽しんだ。

虫の散歩

（1）つながりが生まれる
1）まねることから始まる

　同じ園に通うきょうだい関係のおかげで，異年齢の交流，遊びの充実が促されることがよくある。この日も5歳児数人が作った虫を見て，シンノスケは自分なりに一人でカブトムシを作り始める。

　集団で暮らす園生活では，このように年長児や同じ組の友達がやっていることを見て「いいな」と心が動き，「ぼくもやってみたい」とまねて始める場面がたくさんある。表現活動は，子どもの内からの創造性によって生まれることもあるが，まねや模倣，友達の発想にヒントを得て実現することも多い。保育者はまず，子どもが自ら始めたことを喜び認める。そして，このような機会を活かして，表現を共に楽しむことにつなげていきたいと考える。

2）遊びがつながる

　保育者は，日頃のシンノスケの姿から「兄たちにくっついて遊んでいるが，それほど楽しんでいるようには見えない。自分で遊び始めることが増えてほし

い，同じクラスの友達とのかかわりがもう少しもてるようにしたい」と捉えていた。こうした個別の課題と照らして，シンノスケが自分で始めた虫作りをきっかけに，友達と一緒に遊ぶことにつなげたいと考えた。

　カブトムシが，他の子どもの目にとまるように「シンノスケ君がカブトムシを作っているのよ」と言葉で伝えるかわりに，大きな木を作ってみる。子どもの好奇心，気付きや意欲を引き出し，新たな友達との結び付きにつながってほしいと考える。保育者が遊びのシンボル的役割を果たす「もの」を作ることが，「他の子どもが気付く」→「まねてやろうとする」→「手伝ったり教え合ったりする」→「他児に広がる」というかかわりの循環を生み出す。

　保育者は，一人ひとりの子どもが表現したことを敏感にキャッチし，そこに保育者自身の表現を重ねてみる。一人の表現が他の子どもに伝わり広がっていく，つながりを生み出す手立てが，次々と思い浮かぶような保育者をめざしたい。

（2）作ったものを使って遊ぶ
1）子どもが，今，求めていることを探る

　歩きはじめて間もない時期から，子どもはひもの付いた遊具を引っぱる動きを大変好む。バギーを押して歩く，段ボールで作った乗り物に乗って走る等の動きも，自分とものとが一体になり，からだが安定して心地よいと感じる。

　3歳児のこの時期，自分が作った「もの」を引っぱって動かすことで心や身体が安定し，しかもその「もの」を自分の思うとおりにコントロールできるということは，とても心地よい感覚，からだが弾んで楽しくなる感覚だったであろう。また，一人ひとりがそれぞれ一つずつ「もの」を持って遊ぶことが，この時期の発達にふさわしいと感じた。毎日の生活の中で，子どもが好むことをよく見て，発達に合った遊びができるように心がけたい。

2）からだの感覚で楽しさを味わう

　自分と一体になる「もの」が，自分自身が作り出した「もの」であることは，さらに子どもにとって深い意味をもつ。自分が描いた小さな虫に命を吹き込む，

地面をそろそろと這う虫に，自分のからだが虫になった感覚をもちながら歩く，からだを通した感覚で表現することの楽しさを味わっている。保育者自身，子どもたちと一緒に園庭の階段や雑草の上をそっと引っぱってみたとき，何だかとても楽しくなる感覚を抱いた。

(3) 友達と一緒に動く

子どもたちは，ひもを引っぱり散歩に行くという同じ動きをすることで，友達と一緒にいる，一緒に動くことが嬉しいと感じている。一人ひとりが虫を持って散歩に出かけるという，同じ動きをすることを楽しむ遊びの流れになった。このように，表現から生まれた「もの」をきっかけにして，友達とのかかわりが生まれること，新たに友達と出会い，かかわることを楽しむ経験を3歳児の頃から重ねていくことに大きな意味がある。

虫の散歩一山

(4) 繰り返し楽しむ
1) ものへの愛着をもつ

自分で作り気に入った「もの」は，家に持ち帰りたくなる。そこで，保護者にも協力してもらい，持ち帰った虫は再び園に持って来てもらうことで，「もの」を大切に使い続けるという経験にしていきたいと考えた。保育室に積み木で棚を作り，「虫さんたちのマンション」にする。家から持って来たとき，あるいは使わないときはそこに置くことで，楽しく使い続けることができるようにしたいと考えた。「もう一つ作りたい」とすぐに言い始めた子どもには，最初に作った虫を「もう少し使って遊んでからにしよう」と声をかけた。子ども

の思いをいつも実現するだけではなく,ひとつで我慢する,壊れたら直して使う等,場面や状況に応じて我慢させたり制約したりする働きかけもしていきたい。

このように,作ったものを持ったり身に付けたりして遊ぶ,作ったものに愛着をもち大事にして遊ぶといった経験を重ねることが,物の過剰に溢れた時代だけに,本当に豊かな生き方につながっていくであろう。

2)遊びが続くということ

この遊びは保育者の予想より長く続いた。友達と一緒に同じ動きをして遊ぶ,作って使うことを繰り返して遊ぶことを通して,3歳児の安定が促され,新たな友達と出会う機会となった。3歳児のこの時期なりに,共に楽しむ「協同的な遊び」としての表現活動であったと捉えている。

2.もの・場・人とのかかわりを広げて

事例7-2　「こどもかい」(4歳児12月)

タカシとショウは虫捕りが好きで,2学期に入ってからは,5,6人で虫やカエルをみつけて捕まえたり,跳びはねるのをじっと見たりして,園庭で過ごすことが続いていた。

この時期,隣の組の子どもたちが,黒ビニールで作ったコウモリの羽を背中に付けて遊んでいた。それを見て,ショウが「カエルを作りたい」と言ってくる。お面を作り背中には緑の紙を付けて,今度は自分たちがカエルになって遊び始める。日毎にカエルの仲間が増え,積み木で家や池など場を作り,跳ねたり泳いだり,ままごと道具を使ったりして遊ぶ。

いつも虫捕りをしている裏庭にも,カエルのお面を付けて遊びに行く。時には,その格好のまま,砂場遊びをすることもあった。

そんな遊びが「こどもかい」の表現につながっていった。まず最初に,

カエルで遊ぶ

魔法使いがやってきて魔法の練習をしながら踊る。「本当に魔法をかけてみようよ！」「私たちの家の扉に魔法をかけよう！」「『へんしんとびら』になーれ！」
　魔法使いが森に隠れて見守っていると、そこに次々と子どもたちがやってくる。1クラスの子どもが5グループに分かれ、「カエルになりたい！」「人魚になりたい！」等と言いながら「へんしんとびら」をくぐると変身する。子どもたちは、虫やちょう、花などそれぞれ自分がなりたい姿に変身し、踊ったり探検したりを楽しむというストーリーがつむぎ出された。

（1）ものを身に付け、場を作って遊ぶ

　10月の運動会を経て、子どもたちの動きはたくましさを増してくる。友達と積み木や大型ブロックを使って場を作り、そこで一緒に遊ぶことを楽しむようになる。この時期、子どもたちの場作りのイメージを受けて、身に付けるものを作ることを提案してみると、遊びが一層盛り上がることがよくみられる。

　大型ブロックで乗り物を作り、「パトカーだ、消防車だ」と言って遊んでいる。保育者が「おまわりさんの帽子を作る？」と声をかけ、お面の帯につばを付けた簡単な帽子を作る。すぐに数人の子どもに広がる。帽子をかぶることで、ぐっとおまわりさんらしくなる。

　子どもたちのイメージが外から見てもわかりやすくなり、イメージになりきった動きが引き出される。数人が一緒に遊ぶ雰囲気が盛り上がり、作った場が活かされる。友達とのかかわりを求める4歳児の発達にふさわしい遊びの展開が促されるようにしたい。

（2）なり切ったからだの表現
1）じっくり見て触れる自然とのかかわり

　カエルに変身した子どもたちは、虫捕りを十分に楽しむ中で、小さな生き物のからだのしくみや動きをじっくりとよく見ていた。虫かごに捕まえたコオロギの鳴き声に耳を澄まし、保育室がシーンとなるような感動も経験していた。お面を付けて、自分がカエルになって遊ぶとき、こうした自然とかかわる体験

が，からだが自然に動く，本物らしい動きの表現につながったのであろう。

2）音やリズムがあることで

　日常の遊びの中で，お面を付けてカエルになって繰り返し遊んでいる。そこで，カエルのイメージに合うような曲を探し，かけてみる。すぐに子どもたちは，曲のリズムに合わせてピョンピョンと跳びはじめた。曲が終わると，「もう1回かけて」と要求してきた。友達と動きが合う，さらに大きくジャンプする，子どもたちのからだの動きに弾みがつくのが伝わってきた。音楽があることで，イメージになり切ってからだで表現することを，さらに楽しめるようになる。曲とからだのリズムが合い，動きがダイナミックになったり繊細になったりする。

3）教材を吟味し，柔軟に使う

　子どもの動きや反応をよく見るようにしたい。保育者はよかれと曲をかけたり教材を提示したりするが，子どものからだが反応しないこともある。そのようなときは「これは適当でなかった」と潔く諦めて，あらためて教材研究に励む。逆に保育者が動きに合わないと思っても，知っている曲だったりすると，子どもは「これがいい」と言うこともあるので，そのあたりは調整が必要だ。保育者の好みや判断を押しつけず，子どもの好みに寄り添うだけではなく，子どもの発達にふさわしい材料や教材を選択する工夫を重ねたい。

（3）数人の遊びからみんなの表現へ

1）劇遊びの始まり

　保護者が手作りしてくれたピアノカバーのデザインが「ヘンゼルとグレーテル」だったのがきっかけとなり，劇遊びが始まる。お菓子の家の入り口の扉は細長い段ボールで作り，保育者が魔法使い役になって楽しむ。しばらく繰り返すと，次は「七匹の子やぎ」をやりたいという声があがる。段ボールの扉は，子やぎたちの家で再び活用される。以前に犬小屋として作った段ボールの家に画用紙に描いた時計を貼り，末っ子やぎが隠れる時計に見立てる。保育者がオオカミ役で参加して演じていると，観客役の子どもたちも集まる。

140 第7章 保育の中の表現活動(3)

2)「ミニ劇場」から「こどもかい」劇場へ

そんな劇遊びを「みんなに見せたい」という子どもからの声を取り上げ，降園の集まりの時間に「ミニ劇場」をしてみてようと提案する。

こうして，子どもたちが数人で楽しんでいる表現を，降園時に見せたり見たりすることが繰り返される。保育者は，それを「こどもかい」の劇場に，自然につなげていきたいと考えた。

a）絵本を手がかりに物語を紡ぐ

『へんしんトンネル』という絵本を書店でみつけた。「このトンネルをくぐると，なぜかいろんなものが変身してしまうのです。…中略…次は何が何に変身するのでしょうか？」[1]この物語をヒントに，遊びの中で使っている段ボールの扉を「へんしんドア」とネーミングして物語を生み出せないかと考える。この扉は，毎日の遊びの中でも，「カエルの家」やままごとコーナーで毎日使われていた。子どもたちと一緒に，扉を水色の絵の具で塗る。子どもたちの意見で「ドア」ではなく「とびら」の方がいいということになり，「へんしんとびら」と呼ぶことにする。

b）保育者が見通しをもつこと

子どもの日常の遊びが，自然に「こどもかい」につながっていくためには，保育者の側は，意図や見通しをしっかりともつことが必要である。仲のよい友達，興味・関心が似ている友達と始めたそれぞれの表現が，他の友達に伝わるようにする。友達の表現を見ることも楽しみ，みんなで表現活動を楽しめるように，保育者が演出したり工夫したりする。

一方で，保育者の見通しは確かにもちながらも，子どもとのやり取りの中で，子どもの考えやアイディアをできるだけ取り込み，活かそうとする姿勢が大切なのはいうまでもない。

（4）日常の表現に返る，「こどもかい」という晴れの場

カエルグッズは，「こどもかい」当日には使い込まれてヨレヨレになっていた。また「こどもかい」の後も，身に付けて遊ぶことがしばらく続いた。

2．もの・場・人とのかかわりを広げて　*141*

　「こどもかい」当日の表現活動は，保護者に日頃の子どもたちの表現の様子を想像してもらい，子どもたちの表現の素晴らしさを見てもらう貴重な機会である。子どもたちにとっては，素直に表現することが楽しいと感じる体験にしたい。

　そして，こうした特別な表現活動の機会を活かして，日常の遊びの中で，イメージを膨らませ，イメージになり切って遊び，表現する体験を豊かにしていくことに返していくことがさらに大切である。

　このような体験を重ねることが，5歳児学年になってからのより協同的，あるいは探究的な表現活動につながっていく土台となる。

（5）小学生と一緒にからだで表現する，体験の広がり

事例7-3　アートにわくわく（5歳児1月～2月）
　幼稚園の遊戯室に，小学校2年生が来園する。一緒に交流活動をするのは3回目になる。5歳児と2年生でペアになり，手をつないで歩く。円形になり，向き合って座ったところで，透明な風船を取り出して見せる。小学校教師と幼稚園教師が「どんな顔をしているのか見えるのよ！」と風船を間にはさんで，いろいろな表情をして実演する。「みんなもやってみる？」と声をかけ，「最初は2年生の人がいろんな顔をして，幼稚園の人がどんな気持ちか当ててみましょう」と言いながら，風船を渡す。風船をはさんで顔を向き合わせると相手の顔が少し歪んで見える。
　子どもたちは風船が嬉しく，早速風船にお互いの顔をくっつけていろいろな表情をしてみる。
　風船を手がかりに触れ合った後，部屋の中央にみんなで集まる。立て看板に貼った4枚のポスター（表参照）を見せ，部屋のコーナーに置く。

> ＊ピカソ「泣く女」　　＊レオナルド・ダ・ヴィンチ「モナ・リザ」
> ＊ムンク「叫び」　　　＊写楽「大谷鬼次の奴江戸兵衛」

　「ペアの人と一緒に四つのコーナーを順番に回って，まねっこしてみましょう」と指示を出すと子どもたちは動き始める。
　四つの作品をまねして回った後，舞台の前にもう一度集まる。「一番好きな

のはどれだったかしら？」と聞くと，子どもたちはそれぞれに手を挙げる。
「みんなの前でまねをして見せてくれる人いますか？」と尋ね，作品一つずつ
順番に舞台の壇上に出て，合図に合わせてポーズを決めてみる。
　特にフトシの「泣く女」は，自分のハンカチをポケットから出して口に加え
て泣く姿が，作品になりきっていて，見ている人から「フトシ君の似てる！」
と声がかかるほど好評だった。

　幼児期には，「からだ」で感じたり表したりすることを楽しむ体験が非常に
大切である。幼児に限らず，小学校以降の授業や高齢者に対しても「からだほ
ぐし」の効果が着目され，最近は様々なワークショップ等がもたれている。い
ろいろなからだの動かし方をすることで，自分のからだをあらためて感じ，さ
らに違う表現を楽しむことができるようになる。

1）継続的に交流する

　2年生とは，この表現活動以前にも5歳児が小学校に出かける機会を数回も
ち，交流の体験を重ねていた。専門家ゲストティーチャーによる「からだほぐ
し」の活動で，からだを動かしからだで触れ合うことを通して，お互いに馴れ，
親しみを感じるようになっていた。

2）連携を活かして

a）交流ならではの体験

　この事例では，四つの有名な芸術作品のポスターを見て，そこに描かれた姿
や表情をからだでまねることを通して，芸術家が作品に込めた思いを共感的に
感じ取る経験がなされている。幼児期に，頭ではなくからだで感じる体験は，
その後の芸術作品へのかかわり方に大きな影響をもたらすであろう。私たち大
人は，芸術に触れるときに頭で理解しようとしてしまい，作品を素直に味わっ
たり堪能したりすることが妨げられてしまいがちになる。この交流活動は，保
育者自身にとっても鑑賞に対する既成概念の枠を超えた新鮮なものだった。

b）よりよい連携のために

　こうした交流活動では，活動の前に幼児の実態（興味や関心，発達の実情）

を踏まえて教師間で話し合いの時間をもち，幼児や生徒の日常から自然につながるように活動の流れを計画することが大切である。

　乳幼児期の学びを児童期へとつなげていくために，幼保小連携の大切さが注目され，様々な交流活動の実践や研究がなされている。一方で，幼稚園の総合的な教育と小学校以降の教科を柱とした教育では，内容の取り扱い方に違いがあり，交流活動には課題も多い。しかし，例えば保育者と異校種の教員が相互の実践を見合うこと，教材や素材に関する話し合いや検討の機会をもつことから始めて，発達を見通した教育につなげていくことは可能である。表現と関連が強い造形，音楽等の教科とは，連携がしやすい面もある。異校種教員の専門的な知見を活かし合い交流活動をすすめることが，乳幼児，児童の表現活動を豊かにしていくことにつながる。

c）人的ネットワークづくり

　保育者は，あらゆる分野での保育技術力を磨くことが求められる。とはいえ，一人の人間がすべての分野でスペシャリストになることは，とても難しい。小学校との連携のみならず家庭・地域等との連携も含めて，様々な人の知識や技能を活かすことが，子どもの表現活動をより豊かにする。これからの保育では，そうした人材活用・人的ネットワークづくりの視点も大切にしたい。

３．協同して表現活動を作りあげる

（１）一人ひとりのイメージが活かされる

　子どもたちは，夏休みの間に，水遊びやお祭り，縁日を楽しむ経験をしている。次頁の事例7-4では，保育者は夏の経験や地引網からの一人の子どもの発想を活かし，イメージに合った素材を提供し，場にふさわしい新しい遊具を出すという環境構成をして，表現活動をダイナミックにしていきたいと考える。「金魚すくい」は数日繰り返した後，ビニール袋で作った「ヨーヨー」釣りに変化したが，それ以上は広がらなかった。

　この時点で保育者は，子どもたちそれぞれの体験から，再びお祭りに関連し

事例7-4　「金魚すくい」（5歳児9月）
　海に地引網に出かける予定が，台風の余波で晴天にもかかわらず中止となる。真夏のような暑い日，園庭の池に水をはったり，ホースで水を撒いたりして遊ぶ。モモエが「金魚すくいをやろう」と思いつき，数人が「僕もやりたい！」「何やっているの？」と集まる。「大きなバケツに水を入れて，金魚を浮かべよう」とユウタ。モモエは，空き箱等を物色しながら，金魚を作る方法を友達と考える。保育者が，パッキングの緩衝材があることを示唆すると「これにビニールを巻いて作ればいい」とアイディアを出す。
　5歳児の保育室前に大きなタライを置き，カラフルな金魚を浮かべて金魚すくいを始めると，3，4歳児が気付き，あっという間に人だかりができる。そこで保育者は物置を開け，子どもたちと組み木を出し，枡形に組み立てて青いビニールシートを敷いて水を入れる。

金魚すくい

た遊びが出てくるかもしれないと予想し，その時はもう少し遊びを発展させていきたいと考えていた。

（2）イメージを出し合い，つなげていく

1）子どもの興味・関心から活動を組立てる進め方

　事例7-5では，子どもの興味・関心のあること，一人の子どもが作り始めたものから始め，状況に応じて活動の展開を組み立てていった。金魚すくいの遊びから1か月後「おみくじを作りたい」という一人の子どもの発想から，子どもたちの個々のお祭りの体験を活かして，幼稚園のお祭りにつなげたいという見通しを保育者はもった。

3. 協同して表現活動を作りあげる　*145*

事例7－5　「おみくじやさん」から「おまつりリスト」作りへ（5歳児10月）
　10月中旬，マサキが「おみくじを作りたい」と言い始める。どんな「おみく
じ」をイメージしているのかと見守っていると，ミヒロが「わりばしを使うと
いいよ」と話している。マサキのイメージとも合ったらしく「わりばしをたく
さんちょうだい」と言ってくる。細長い箱をみつけて「隅に穴をあけたい」と
保育者に相談してくる。穴をあけられるよう，先のとがった万能ばさみを渡す。
　わりばしを箱に入れて振ると，ガラガラと音がして，穴からうまく1本わり
ばしが出てきた。マサキとミヒロは「赤が大吉ね」と決めながら，わりばしの
先にサインペンで色付けをする。その後，はしを箱に再び入れて，近くで遊ん
でいる友達に「おみくじ，やりたい？」と聞いては，振って1本出すようにや
り方を伝える。出てきたわりばしの色を見ては「すごい，大吉でした！」と伝
えている。
　保育者は「神社のおまつりみたいね」と言いながら，「おまつりっていろん
な出店があるわよね？」と水を向けてみる。マサキは「たこやきも作ろう」と
空き箱コーナーへとんで行き，卵のパッケージを手にして戻ってくる。保育者
は，一番薄い紙を使うといいのではと言い添える。マサキは，手早く紙でたこ
焼きを作りパッケージに詰めていく。それを見て，タイトは「わたあめもある
よね」とティッシュをわりばしに付け始める。
　保育者は大きめの紙を用意し，「いろんなおまつりのお店があるわ。どん
なお店がある？」と再び話しかけてみる。マサキ「水あめやさん，やきそば」
と言い始めるので，保育者が書きとめる。その後は，「ここに貼っておくから
いろいろ考えてみてね！」と黒板に紙をとめておく。マサキはミヒロやダイキ
と話しながら，その後いくつか書き込んでいた。

2）あらかじめモデルがあって，活動をつくる進め方

　園によっては，毎年この時期に「おまつり」をするというような計画的な活
動への取り組み方もある。その場合には，幼児自身が前年度の活動イメージを
あらかじめもち，そのうえに自分たちのイメージを加えながら活動をつくって
いくという進め方になる。

3）テーマをもちながら，長期的・総合的に活動を展開する進め方

　5歳児の生活では，長期間かけてテーマを柱にして保育を組み立てていくと

いう，一貫性をもった協同的活動の展開もされている。その年の子どもの興味や関心からテーマを導き出し，テーマと関連づけて遠足の目的地を選ぶ，運動会の内容を組み立てる，新たなイベントを考える，発表会や展示会，卒業式へつなげる等である。そして，日常の遊びの中で，繰り返し表現を工夫したり楽しんだりすることを基本に，生活をつなげていく。

4）幼児期から児童期へ学びがつながるために

　保育所や幼稚園等での活動は，明確に型を区切って分類できるようなものではない。実際の活動は，上の三つの進め方の混合型になっていたりする。いずれにしても，小学校の生活・総合の授業にもつながっていくような，幼児期から児童期への学びを見通した取り組みである。

　テーマと関連しながら，身体的表現と造形的表現，音楽的表現が，あるいは言語的表現等が絡み合って，豊かな表現活動を生み出す。子どもの主体的な表現を受け止め，共感・共有する。子どもの中でのつながりを尊重しながら，学びの体験として積み重ねられるようにすることが大切である。

（3）見通しをもち，計画を立てて進める

事例7-6　「こどもまつり」をしよう（5歳児10月）
　黒板の紙にいろいろな出店を書き込みながら，ミヒロが「いっぱいお店を作ってやるといいね」と保育者に話しかけてくる。その発言を受けて，降園時の集まりに，5歳児2クラスでこれまでの流れを話し，みんなが参加しておまつりをしてはどうかという相談をする。子どもからの提案で「こどもまつり」と呼ぶことになる。「『こどもまつり』のポスターを作って，廊下に貼ろう」というリュウタの提案を受け，日程を話し合い，約3週間後にやろうということに決める。
　翌日から，Y組ではお面作り，おみこし作りが始まる。並行してU組では，段ボールの和太鼓作り，景品くじ作りが進められた。以前に作って遊んでいたオセロ・ビンゴといったゲームも，おまつりにコーナーとして加えようということになる。2クラスそれぞれに，少しずつ出店の商品が増え，おみこしを廊下でかついだりして盛り上がっていった。

3．協同して表現活動を作りあげる　*147*

　出店の種類も増え，いろいろな「もの」が作りためられてきたので，予定日の１週間前に，５歳児の１クラスにおまつり関係の「もの」を集めて置くことにする。園内にあるお店の台をすべてＹ組に集めて，それぞれに看板を付け商品を並べてみる。子どもたちは「もう少し作ったほうがいいよ」「あれも作ろう！」とさらに張り切って，製作を続けた。おまつり関係の活動に取り組む子どもはＹ組に集まるようになり，クラスを超えてのかかわりも自然に増えた。

　子どもたちが，友達のやろうとしている遊びの内容を知ったり活動のイメージが共有されたりするために，降園前など集まりの時間を使うことは有効である。５歳児の２学期に，一人の子どもから始まった「こどもまつり」をみんなの活動につなげて展開していきたいという保育者の見通しから，数人の子どもが取り組んでいる現状をクラスの他の子どもたちに知らせ，共有するようにした。

　今後の予定や日程を話し合うことで，子ども自身が見通しをもって活動に取り組めるようになった。そして，それぞれが今取り組んでいる，出店の商品作りであったり，おみこし作りであったりが，「こどもまつり」という大きな活動に位置付いているということ，みんなで活動を作っていくということを，子ども自身がわかって活動を進められるようになった。

　活動の流れを図にしてまとめてみると，図７-１のようになる。

（4）イメージを合わせて実現する充実感
1）時間が十分に保障される

　５歳児にとって，クラスを超えて学年で取り組むはじめての活動であった。そのため，準備にはじっくりと時間をかけて，子どもたちのイメージを重ね合わせる過程を大事にしようと考えた。

　前日の準備にも十分に時間を取り，子どもたちと保育者と考えを出し合いながら場作りをすすめた。

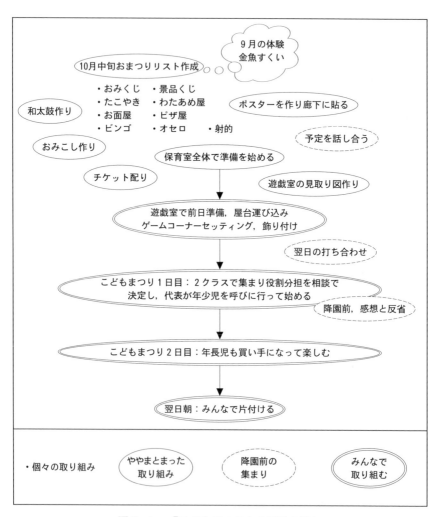

図7-1 「こどもまつり」の活動の流れ

3. 協同して表現活動を作りあげる　*149*

事例 7 - 7　　前日準備と「こどもまつり」当日（5歳児11月）
　いよいよ，翌日が「こどもまつり」となる。前日はお弁当後，5歳児全員で
遊戯室に出店や商品を運び込み，準備を進める。
　「食べ物屋さんは，こっちの方にしよう」（ピザ屋，たこやき屋，お好み焼
き屋）と，コーナーを設ける。「お持ち帰りと食べる人がいるから，席も作ろ
う」と，大型ブロックで椅子や机を組み立てて，食べる場所も作る。「ゲーム
はこの辺にしようよ」とビンゴとオセロ，景品くじと射的の位置が決まる。
「お面屋さんはどこがいいかな？」というので，保育者がアスレチックの遊具
にお面を飾り付けられると一声かけると，「いいねえ」と言いながら，すぐに
お面をお客に見えやすいように飾り付け始める。
　大型の台の上に段ボールで作った和太鼓を置く。カセットデッキと音頭の入っ
たカセットテープもセットして，盆踊りコーナーができる。
　出店やコーナーができてくると，数人の女児が輪飾りでディスプレイを始め
る。輪飾りの長さを見て，「これはここに付けよう」と言い合いながら飾り付
ける。

2）新しい出会いと意欲の深まり

　当日の朝は全員が遊戯室に集まり，役割の分担を決めることにした。相談の
結果，それぞれ自分がやりたい役を選ぶことになる。①受付案内，②食べ物系
の出店，③ゲーム系の出店，④盆踊りコーナー，⑤舞台の出し物，⑥おみこし
に分け，各自が希望を出して，その場所へ移動する。自分が一生懸命作った出
店を希望する子どももいれば，作ったのとは別の役割を希望する子どももいた。
保育者の予想に反して，普段の仲良しの人間関係に縛られず，自分の希望を決
める姿がみられた。同じ役を希望した者同士は，日常の遊びではあまりかかわ
りがない相手とでも，しっかりやりとりをしていた。
　みんなでイメージを合わせて実現した表現活動，そこでは，特定の仲良しと
一緒に行動したいというこだわりを超えた，新たにかかわる楽しさ，一緒に
「こどもまつり」を成功させたいという意気込みが感じられた。

3）異年齢のかかわり

> 事例7-8　「こどもまつり」の2日間（5歳児11月）
> 　ポスターを貼り出しての予告と，前日の降園時に3，4歳児クラスに「こどもまつり」に来てくださいと案内に出かけた効果とで，3，4歳児が開店前から廊下に並ぶ。
> 　リュウタは入口付近の案内係を希望し，買ったものを入れる袋を手渡しては「どこに行きたい？」と，3，4歳児の案内係をする。
> 　各コーナーや出店からは「いらっしゃい！いらっしゃい！」と盛んに声があがる。景品くじの店では「当たったら，この中から好きなの選んでいいからね」と姿勢を低くし，優しく年少児に話しかけて説明している。他の店の様子を偵察に行き，自分の店にお客が来るよう必死で呼び込む姿もみられた。
> 　盆踊りコーナーでは，音頭に合わせて鉢巻姿の5歳児が段ボール製の太鼓をたたく。保育者も混じって踊ったり，3，4歳児も順番に太鼓をたたかせてもらったりする。
> 　また遊戯室の舞台では，運動会で踊ったリズムを再演する。運動会のときは，なかなかやりたがらなかった男児が喜んで参加した。また，即興のお笑いの出し物も登場する。
>
>
> **お祭りの日　わたあめやさん**
> （5歳児11月）

　5歳児が時間をかけ，それぞれの取り組みをつなげて迎えた「こどもまつり」である。お客である3，4歳児の少し緊張しながらも「何があるんだろう？」とじっと見回すまなざし，「どれを買おう？」と考える表情，「どれをやってみよう」と迷う様子は真剣そのもので，遊戯室はいつもと違う空間になる。

　年少児の夢中な様子を見て5歳児はますます張り切る。そして，3，4歳児は「年長さんてすごいな！」「大きくなったら僕たちも…」などと憧れを抱く。

　このようにして，子どもたちの表現の幅が広がり，園文化として引き継がれていく。

4．豊かな表現活動のために

「こどもまつり」は，当初１日だけの予定であった。当日は３，４歳児がゆっくりと楽しみ，もてなし役の５歳児は自分たちが買い物をしたりゲームをしたりすることはほとんどできなかった。そこで，降園前に２クラスで集まり「今日で終わりにする？　それとも明日もう１日やりたい？」と尋ねてみる。多くの子どもが「明日もやりたい。今度は僕たちもゲームとかやりたい」と答える。

２日目も，３，４歳児が再度「こどもまつり」にやってきた。その中で５歳児は，お店の係と他のコーナーに出かけて楽しむのとを自分たちで役割分担し，嬉しそうに買い物をしたりゲームを楽しんだりしていた。

（１）一人ひとりの子どもの育ち

受付係を希望したリュウタは，この日も３，４歳児の案内役を引き受けていた。それまでのリュウタは，ひとつの遊びに熱中して遊ぶことが少なく，ふざけて走り回ったり友達の嫌がることをしたりするような姿が気になった。しかし「こどもまつり」以降，友達と一緒にゲームを作り，３歳児を誘って呼んできては，ていねいにやり方を説明して遊ばせる等，落ち着いて自分のやりたいことをみつけ，取り組む姿がみられるようになった。

このように，総合的な表現活動，協同的な取り組みの中での，個々の子どもの変化や成長をみとり，何がその育ちを促す要因だったのかを考えてみることが必要である。

（２）次の活動への意欲が生まれる

そのリュウタが，12月に入ると「今度は『こどもランド』をしようよ」と保育者に何度も話し「今度は『こどもランド』をやりたいんですが，いつがいいですか？」と他クラスの保育者にも積極的に尋ねて回る。

結局，リュウタの意欲にも支えられて，３学期に「こどもランド」というネー

ミングで，もう一度総合的な表現活動に取り組んだ。段ボールで作った大小の恐竜に乗れるコーナー，キングBブロックで作ったディズニーランドの乗り物コーナー，回転する射的ゲーム等，「こどもまつり」以上に大がかりな製作に取り組んだ。

自分たちで企画することを楽しみ，「こどもまつり」のとき以上に発想の広がりが生まれた。作り上げる過程は，より長期にわたり複雑になった。子どもたちは迷ったり悩んだりしながら，知恵を絞って取り組み，再度やり遂げる喜びを味わうことができた。

「こどもランド」の恐竜（5歳児2月）

（3）表現活動をどう見とるか

幼児期の遊びや活動を保育者がどう見とるか，評価するかというのはとても難しい。特に表現活動においては，描いたり作ったりした作品，演じたり踊ったりする姿，話す言葉や歌う声等が，外から形として見える。色彩豊かな魅力的な作品ができた，上手に踊ることができた，きれいな声で正確に歌うことができた，という結果として見えてくるもので，大人は評価してしまいがちになる。

また，総合的な表現活動では，「子ども会」「生活発表会」「作品展示会」等，保護者や関係者を招いて見せるという形式をとることも多い。そこでは，よい結果が見せられるように，保育者が必死になり形をつくってしまう，子どもを追い立てたり叱ったりしてしまうといった事態に陥りやすい。

子どもの表現の奥にある思いをしっかりと見とること，表現にいたるまでの過程を大切にすること，子どもの表現を活かせるように教材や演出等を保育者自身が工夫することを忘れないようにしたい。

（4）豊かな表現活動のために

　保育に携わろうと志す人の多くは，その人自身，作る，描く，演じる，踊る，演奏する等，表現することが好きであろう。保育者は，子どもの表現をありのままに敏感に受け止め，共感できるようでありたい。そして，子どもと共に心が動き，体が動く，素適な表現者でありたい。

　一方で，子どもの傍らに身をおくようになると，「ピアノが苦手」「絵を描くのが下手」等が強く意識され，つらいと感じることも多くなる。保育者自身が，学ぶ意欲をもち続け，自分の表現力を磨く努力を続けることはとても大切である。

　そのうえで，他の保育者や他校種の教員，家庭・地域等と連携して，得意な技や能力を活かし合い，表現の楽しさを子どもと共に味わえるようにしたい。それが，豊かな表現活動を生みだし，子どもたちの体験をさらに豊かにすることにつながる。

■引 用 文 献
　1）あきやまただし：へんしんトンネル，金の星社，2002

■参 考 文 献
　お茶の水女子大学附属幼稚園：協働的な学びを育む，pp.18-21，2003
　お茶の水女子大学附属幼稚園・同附属小学校：研究発表会実施要項，pp.144-145，2004
　お茶の水女子大学附属幼稚園・同附属小学校：研究発表会発表要項，pp.38-40，2004
　花原幹夫：保育内容表現（民秋言・小田豊・栃尾勲・無藤隆編：保育ライブラリ保育内容表現），北大路書房，2005
　岡本夏木：幼児期－子どもは世界をどうつかむか－，岩波新書，2005
　国立教育政策研究所教育課程センター：幼児期から児童期の生活へ，ひかりのくに，2005

第8章
表現活動を支える素材の探究

1．素材によってひらかれる

（1）素材とは何か

　素材とは，身の回りにある，手で触れることのできる様々な「もの」である。それは，子どもが触り試行錯誤することによって表現素材となる。素材には物としての特徴や性質があり，そのことによって，子どもと保育者とがかかわったとき，遊びに方向性が生まれる。素材は，子どもの心の中にあるぼんやりとした気持ち，イメージ，考えを「カタチ」として表わす。ワクワクした気持ち，リラックスしたい身体，人とつながりたい気持ち，不安，様々な言葉にならない思いが素材と出会うことでむくむくと表現を始める。

（2）素材と出会う

　保育者は，子どもが素材と出会う環境を整え，素材の方向性を提示し，子どもと素材とのかかわりを育む。

　子どもたちの周りにはものが溢れているが，子どもがものを素材として興味をもってかかわる「素材との出会い」はそう多くない。また，素材と出会ったときに，その小さな興味が表現につながっていくためには保育者のかかわりが不可欠である。子どもは素材と出会うと，「やってみたい」と思いつく。本気で取り組んでいると，できないことや，やりたくないこともわかる。自分が何を大事にしているのかに気が付く。

（3）素材の可能性を探る — 一つの素材が子どものかかわりによって変化する

　子どもの年齢や興味によって素材とのかかわり方は様々である。叩く，投げる，転がす，ちぎる，切る，くっつける，振り回す。そして，形が変わったり，音がしたり，何かになったりする。そういった素材と取り組んだ体験は蓄積され，次の表現につながる。

　では，次節以降それらの素材を具体的に挙げてみよう。

2．身近な素材

　木や草の繊維から作られた紙，布，その紙から作られた箱，ひも。羊の毛からフェルトになり毛糸になり，土は粘土になる。それら元来が自然を加工した素材は，切ったり貼ったりといった工程が容易なものが多く，素材同士のなじみもよい。

（1）紙

1）紙で遊ぶ

　紙は，平面でありながら，折ったり，まるめたり，穴をあけたりすることで立体的にもなる。形状も，袋になっていたり，本のように束ねてあったり，カードだったりし，様々な用途に使われている。造形素材ということにこだわらずに紙遊びを発展させたい。

a）新聞紙

　新聞紙を使った遊びには，心身でかかわる楽しさがあり，様々な年齢の子どもが一緒に遊べるおおらかさがある。昔は生活の中で新聞紙を頻繁に使い，遊びの場にもよく登場した。大人は子どものために新聞紙で粘土を作ったし，大人が魚やお芋を包むように，子どもはごっこ遊びの中で積み木を新聞紙で包んだ。現代では保育者が意識しなければ遊びに登場しにくいが，意識して子どもに提案すると魅力に満ちた素材になる。現在の新聞紙はインクが良くなり，毒

156　第 8 章　表現活動を支える素材の探究

いろいろな素材を使った遊び

ひよこのお薬

紙箱を積み重ねる

青い布の上の世界

新聞紙の羽

缶のフタに描く（叩くとカンカン）

ビーチコーミング（海の漂着物）を使う

石を見立てる

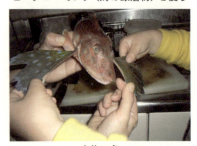
本物の魚

性はなく，手が汚れることも少ない。紙質は，湿気を吸いやすく濡れるともろいが，乾いているときは結構破れにくく丈夫である。

- 新聞紙は手でちぎって穴をあけたり切ったりすることが簡単にできる。
- からだに触れているととても暖かいので，細かくちぎって大きな箱に入れてお風呂にしたり，首を出す穴をあけて洋服にして身にまとったり。
- 切ってつなげて線路などに見立てる。
- 大きな新聞紙に子どもを乗せてひっぱる。
- 新聞紙を水に付けてちぎったもので掃除する。
- 筒型にまるめると固い棒になる。場合によってはあまり固くならないように新聞紙を少なく使う。房や飾りを付けると棒であっても別の意味をもち動きが変わる。

b）ボール紙・厚紙

肌着などを買うと台紙になっている片面グレーの白ボール紙や，紙皿や紙コップ。子どものはさみでも切ることができるが，少々固い。あえてその固さが必要なときに使ってみよう。クレヨンやマーカーで描いたものを切り抜くと，飛び出したようになる。わりばしを付けたり，わりピンやホチキスで手足を接続すれば立派なペープサート。紙コップや紙皿は，その形からもいろいろにアイディアが沸いてくる。つるす，切り込みを入れて立たせる，投げる，転がす，糸電話にするなど。

c）折り紙

表現素材としての折り紙は，正方形の紙から何でも作ることができるという，その点を大事にしたい。色とりどりの折り紙を，折って，切って，描いて，つなげて，何かが生まれる。

d）ティッシュペーパー・トイレットペーパー・お花紙

破れやすい薄紙は大事に扱わなければならない。水に濡らすと破れ，ひっぱると破れ，紙質は弱い。その華奢な材質がこれらの紙の魅力。

次から次へと出てくる柔らかいティッシュペーパー，くるくるほどけてゆくトイレットペーパー，どちらも小さな子どもは大好き。引き抜いていると，ふ

わふわ山になっている。次から次へと引き抜き，時に口に入れてしまうので母親は困る。しかし，このような行為はずっとは続かない。ある程度探究すると，ティッシュペーパーは引き抜くとなくなってしまうこと，なくなって母親が畳んで箱に入れたときにはもうしゅっと引き抜く楽しみはないこと，面白いが喜ばれないこと，ティッシュはこぼれたものを拭いたりするときに使うものだということを知る。しかし，ティッシュの柔らかさと繊細さを知った子どもは，ごっこ遊びをするようになると，お人形のベッドに敷いたり，大事なものを包んだりするようになる。固くまるめて何かに見立てることもできる。

2）紙に描く

　長方形の画用紙はまるで心の窓のように，心の中のことを描き表すのに適している。しかし，まっさらな紙に直面したとき，描き出すことができなくなってしまうこともある。少し色の着いた模造紙やザラ紙（わら半紙），折り目があったり印刷がうつっていたりする包装紙の裏などにこそ緊張感なく描けることがある。ぐるぐる続く線路やふざけながら描く遊び描き，足りなくなったらつないで，間違えたら切り取って，心を自由に遊ばせる。様々な形や材質の紙を出してみよう。

- 描き始めたばかりの1歳前後の子どもには大きな広告の裏紙やコピー紙など滑らかな紙をたくさん用意してみよう。しっかりと力が入るように，からだのバランスがとれるように，その子に合わせて工夫してあげると，筆やペンをにぎりしめいろいろな線をからだ中で試行錯誤する。
- 描きたいことが出てこないとき，細長い紙や丸い紙，束ねた紙などを出してみてはどうだろうか。変わった形の紙を前に新たな発想が生まれるかもしれない。画用紙は表面に少し凹凸があり，クレヨンやクーピーペンでしっかり力を入れて描くことができる。
- 色画用紙は，地色がすでに好きな色になっているというのが子どもにとって魅力。描画材によっては発色が悪いのでクレヨンやポスカ（水性顔料マーカー）を使うとよい。

3）その他の紙の使い方

a）トレーシングペーパー

マーカーなどで描いて窓ガラスに貼るとステンドグラスのように両面から絵が見え，光が透ける。色画用紙で枠を付ける。

b）和　紙

和紙に墨で描く。半紙は破れやすいので水墨画用を使う。下敷きフェルトがない場合は新聞紙やタオルを使う。滲みが面白い。できるだけゆっくり描く，早く描く，などスピードやリズムを変えてみる。墨汁は，薄く溶いたものと濃いものと，２種類用意する。水彩絵の具を薄く溶いてもよい。

c）巻き段ボール

片面が波打っている段ボールはその巻きを利用して形作ったり，平たく広げて平らな面に描いたりする。もともと梱包用なのでとても長いものも手に入りやすい。巻きに対して直角に折ると丈夫で固い。

（2）紙でできた立体

1）紙　　箱

子どもが箱を手に取って気に入ると，その箱はもう「自分のもの」になっている。切って，貼って，何かができる。箱の色や形から実現したいことが思い浮かぶ。他の箱や素材をつなげたり，別のものを貼ることにより表現が広がる。

a）薄い小さい長方形

中の空間がきわめて少ない。外側に別の紙や箱などを貼ったり，穴をあけたりして，携帯電話・カメラ，大きな箱に貼って何かのパーツになったりする。

b）細長い箱

両端に穴をあけてトンネル，人形のベッドなどになる。

c）大きめの長方形

しきりがあるものは，壁のある大きな平面空間として使う。ボール転がしなどのゲーム作り。空間が薄くて広いので，ものを配置しやすい。

2）紙　　筒

　トイレットペーパーの芯，アルミフォイルの芯などの筒を覗くと何が見える
だろうか。もっと長い筒だと中に何か転がしてみたくなる。つなげてみたくなっ
てくる。筒でたたくと音が生まれる。中にビーズなどを入れて両端を閉じれば，
ざーっと音のする楽器になる。手に握ってなじむこの形は，持ち歩くことがで
き，そこから遊びがはじまりそうだ。

3）牛乳パック

　牛乳パックは家庭でストックされたものを目にする機会が多い。組み合わせ
て椅子や小物を作る，開いたものを粘土板にする，溶かして紙すきに使うなど，
実用的・工芸的にも使われる。はさみでようやく切れる固さで，2個組み合わ
せるとかなり丈夫な直方体になる。紙でありながら防水性が高い，同一のもの
がたくさん手に入る，底が深い縦長の箱，内部が白，といった特徴をもつ。

　草や小石などの拾った宝物を入れたり，水遊びに使ったり，たくさん接続し
たりと，いろいろに使える。布ガムテープで接続すれば耐水性が高い。

4）段ボール箱

　大きな段ボール箱が保育室に出されていると，それだけで存在感があって，
何か始まりそうなワクワクした気持ちが広がる。塗って，描いて，貼って，穴
をあけて，接続して，トンネルになり，大型遊具のようにもなり，扉穴を作っ
て家になり，ひもを付けてひっぱると，電車になり船になる。

　どのように使っても共通して言えることは，段ボール箱の内部はとても暖か
くて居心地の良い場所だということだ。そして，子どものからだいっぱいの動
きを，大きく壊れることなく柔らかく受け止める。

　加工は大人が手伝う。段ボールに描くときはポスカ（水性顔料マーカー）が
威力を発揮する。クレヨンは洋服や床に色移りしてしまう。絵の具をはけやロー
ラーで塗るのも，塗るというそのことだけで面白いが，塗ったその日には使う
ことはできない。

（3）布

　布は柔らかく，子どもの心とからだに瞬時にして寄り添う。シンプルな四角い布が，身にまとうものになり，つるして空間をしきるものになり，遊びの雰囲気をがらりと変える。不織布はパネルシアターに使う。

1）小さめの布

　スカーフなどの小さな布は柔らかく，マントになったり，髪を結んだりするとまたたくまに子どもは何者かに変身する。大事なものを包んだり，テーブルに敷いたりと，ごっこ遊びの中で様々に使う。結んで長くつなげても面白い。

2）大きな布

　大きな布は大きな空間を作る。カーテンをかけると，それだけで舞台が出来上がるが，その空間はぴったりと閉じられたものではなく，のぞいたり，出たり入ったりしたくなる。丈夫な布はテントやハンモックのようにも使える。

　例えば，青い大きな布（何枚かついで6畳ぐらいにはなったもの）。

　何人かで持ってふわふわさせると海のようにも空のようにも見える。下をくぐったり，交代で包まれたりする。音楽を合わせると，心もからだも柔らかく開かれる。

3）作るための素材としての布

　縫うことは楽しい。ちくちくと縫っていると熱中し時間を忘れる。ひとはりひとはりの積み重ねで何か本物が作り上がるというのは大きな喜びである。フェルト，フリース，麻布，これらの布は端ほつれを気にせず裁ちっぱなしでよいが，はさみに熟練が必要なので大人が手伝う。針が落ちないように糸は二重にして玉結び。麻布は毛糸と毛糸針でざくざくと刺繍のように縫う。木工ボンドでもくっつく。

4）衣　　装

　浴衣，ドレス，エプロン，帽子，これらを身に付けることによって，何者かに変身することができる。折り紙や布，紙などで，小道具を作って飾ればよりイメージに近づく。

（4）ひ　も

　ひもの特徴は，長くぐにゃぐにゃしていることである。持って歩けばひもは後ろをついてきて，歩いた軌跡を残す。ひもはつなぐ役割をもっている。もの，人，空間がひもによってつながれる。子どもにとって，ひもだけあっても素材になりにくく，人がかかわることによって，人がつながれ，ものがつながれ，遊びが広がる。太さや強さ，扱い方によって様々なかかわり方ができる。ひもの体積は小さいが，ひもによって作り出される空間は時にとても大きい。

1）紙テープ

　色の美しさとテープがほどけて広がっていくときの軽やかさが魅力。どんどんのばして人やものに引っかけて，部屋中に張りめぐらしてみよう。空間が変化する。屋外だったら木に引っかけてもよい。たとえ部屋中に張りめぐらしてもすぐに切れてしまい，束縛感がない。

2）スズランテープ

　幅広の色つきビニールひも。大きく巻いて束ね，ほぐすと応援用のポンポン。魔女のほうき。はたき。紙テープのように張りめぐらすことにも使えるが，こちらはがっしり空間を区切る。何かぶらさげてみても面白い。

3）凧　　糸

　木と木の間などの空間をつないで空き箱を通してロープウェー。天井に張って何かをぶらさげる。工作に使う場合は紙箱同士をつなげたり，筒に巻き付けてリールのようなものになったり。紙飛行機や折り紙に付けて手に持って走ると凧のようになる。細いものは糸電話に使える。

4）毛　　糸

　美しくて柔らかい毛糸は子どもにとって身近な素材である。凧糸よりも柔らかいので，小さな工作に向く。編み物はまだむずかしくても，毛糸そのものが魅力ある素材だ。冬の寒い日に，巻きをほどいて何かしてみよう。厚紙に巻き付けてポンポン作り。ボンドを一面に塗った発泡スチロールや段ボールに，細かく切った毛糸を貼りつけていくとぬいぐるみのようなふわふわした質感になる。木板に釘を打ちつけ毛糸をからませる。手芸的楽しみとしては，毛糸針と

毛糸で目の粗い麻布や古いセーターを縫うと，簡単にぬいぐるみができる。

5）手芸用綿ロープ

　色とりどりのひもが美しい。細いものはあやとりひもにもなるが，もう少し大きな輪にし，すっぽり子どもが入ってしまっても面白く，色で意味が生まれてくるかもしれない。その他，床に置いて形を作りお家に見立てたり，領域を区切る目印にしたり，大きい輪で電車ごっこのようにからだを使った遊びに使う。端がほぐれてこないようにするためには切り口を軽く火で炙る。

6）ゴ ム ひ も

　伸びたり縮んだりするひも。輪にして複数の人が持って伸ばしたり縮めたりすると，人が近づいたり離れたりする。弾みがついて走ったり，動きが生まれる。

7）太いロープ

　子どもの重さに耐えられる綱。段ボール箱につなげてひっぱる，遊具に結び付ける，ひっぱりっこをするなど，力いっぱいのかかわりができる。

8）糸

　針を使って紙や布を縫う，束ねる，ボタンやビーズを通したり縫い付ける。

9）テグス（ポリエチレン，ナイロン糸）

　釣りなど使う化学繊維糸で，大人の判断と注意が必要な素材である。手作り楽器やビーズ細工，ぬいぐるみの縫製などに使われる。強度があり目立たないため，子どもの作品の展示などで使用される。

（5）粘　　　土

　粘土は手の動きと連動して形が変わる。くっつけたり，ちぎったり，まるめたり，手で試行錯誤する。どのような場面で使うかを考えて，粘土の種類を決める。

1）油 粘 土

　油によって練られている。最近の子ども用のものはにおいもない。色も白，グレーからカラフルなものまで様々にある。どちらかというと，明確な作りた

いイメージがあるときや共同製作などに向く。思い通りの形が作りやすい。作ったもので遊ぶ，形を変えながら，何日もかけて作ることができる。クレイアニメ（粘土で作ったものを動かして制作したアニメーション，clay は英語で粘土の意）は油粘土で作られている。

2）陶芸粘土（土粘土）

たっぷりと，粘土の大きな塊と取り組むときに使いたい。上から落とす，たたく，穴をあける，ちぎる，道具で切るなど，思いっきりからだで取り組めるような導入を考えたい。手触りは最もよい。きちんと練られたものはべたつかないし，可塑性もよい。陶芸用のものを焼く場合はあまり分厚くならないようにする。ひも（へび）作りやお団子作りからはじめて，たたいてのばす，へらや糸で切るなどの技法と組み合わせて形にしていく。接続部はよくなでておくか，どろどろに溶いた粘土（どべ）を糊として使う。乾きやすいので，作りかけのものには濡れぞうきんをかけておく。

3）紙粘土など

紙や，植物繊維，石粉などが原料になっているもの。乾かして色を塗ることができる。最近ではべたつかないものや，ビンなど芯材を使ってもひび割れないものがある。乾く前にクリップを埋め込んでペンダントにしたり，ドングリやまつぼっくりを埋め込んでレリーフ作りをするのも楽しい。

新聞紙を水に浸し，ちぎってしぼって糊と混ぜると，手作り紙粘土が出来上がる。市販のものとは全く違った手触りだ。

4）小麦粉粘土

乳幼児に安全で使いやすいが，乾きにくい。出来上がりよりも作っているその時を楽しむ。市販のものはカラフルだが，固めで少量。手作りのものは，小麦粉粘土を作る過程そのものを楽しむ。小麦粉に，水，食用色素を水で溶いたもの少々，油少々，塩を混ぜて練っていく。手触りをよくするには煮て作る。手作りをすればたっぷり使える。

> ・煮て作る小麦粉粘土レシピ（婦人之友乳幼児グループ紹介）
> 　小麦粉2カップ，塩1カップ，コーンスターチ1/4カップ，クリームオブ
> タータ（酒石酸）大さじ2，油1/4弱，水2カップをかき混ぜながら，固ま
> るまで火にかける。クリームオブタータはなくてもよいが，あった方がまとま
> りがよい。

（6）食べ物など台所の素材

　台所には魅力的なものや不思議なものがたくさんある。ときには，あえて食
べることから離れて台所のものを使ってみたい。また，食器は容量を確かめて
遊んだり，フォークやスプーンでたたいたりすると楽器にもなる。

表8-1　素材としての食べ物など

野菜やくだもの	いろいろな色や形を探究。切り口を利用して版画。柑橘類で描いてあぶり出し。
酢	朝顔の色水に少し入れると色が変わる。石鹸水を入れるとまた変化する。
石鹸	粗めの下ろし金で削って，水と食用色素を混ぜて，泡立て器で泡立てて，色泡作り。
粉類	小麦粉，コーンスターチ，ベーキングパウダーと，食用色素を混ぜて，水で溶いてフィンガーペインティング。
パスタ	色を塗ってボンドで貼る。ペットボトルに入れると音がする。
豆類	乾燥した豆はお手玉やペットボトルに入れたりする。ただし，乳児が鼻や咽喉に詰めないよう注意。
米	米を研ぐ。しゃかしゃかかき混ぜる。ペットボトルに入れる。

3．体感する自然－自然を素材とする

　自然物は，同じ自然から生まれた人間にとって，ストレスを感じずに触れる
ことのできる素材である。といっても，もし，葉っぱや石をいきなり保育室に

出して，「さあこれで作りましょう」と誘っても保育室の人工光の中で自然物は色あせて感じられ，表現活動にはつながらない。落ち葉を「ごみ！」という子どものいる現代である。小さな自然との触れ合いや体験が蓄積されることによって，自然から生まれたものはより身近なものとなる。そうしてようやく土はきたないものではなくなり，葉っぱや小石が宝物になり，何かに使えそうだと思いつき，自然は素材として生きてくる。

（1）他の素材によって自然が表現される

　子どもにとって自然と触れ合うことは大きな体験であり，その時，その場で，十分に探究される。しかし，後になってから，今度はその，体験したことをもう一度，他の素材によって確かめたいと思うこともある。

（2）　拾　　　う

　「拾う」ことは自分の大事なものになること。何気なく拾ったものの面白さを探してみよう。たくさんある自然物の中から，一つ拾う。たくさん拾う。拾って並べる。拾って袋に入れる。拾って箱に入れたら，ざらざらと波のような音がしてうれしくなる。たくさん拾ったドングリをおもちゃのトラックに乗せて運ぶ。おままごとのご飯にもなる。貝殻は生きものの家であり，一つずつ違う。その一つずつを並べてみる。つなげてみる。耳をあててみる。鈴や風鈴を作ってみよう。ドングリは一晩冷凍し，乾かすと虫がわかない。

（3）　木

1）不定形の木っ端

　積み木のようにきっちりとは積み上がらない。積んでいても，がらがらと崩れるし，すき間があく。でも，あいまいなところが面白い。ボンドで貼ったり，麻ひもで結んだり，本格的に釘を打ってみたり，クレヨンで描いたり，様々に変化する。

2）木 の 枝

　長い枝は子どもにとって魅力的。またがったり，振り回したり，地面に線を描いたり。ちょっと危なさも伴う。そこがまた面白い。木の枝を持ち帰ったら，自然の再構成を試みよう。大きいものは麻ひもなどでぶら下げる。小さなものは，紙粘土などに立ててみよう。転がったままの木の枝が立体として生き返る。

（4）光 と 影

　日の光の眩しさから逃れて家の影に入る。影から出てくると自分の影も出てくる。「影がね，すいこまれちゃうんじゃないの？」「夕方の影ってどうして大きいの？」「うわー影が追っかけてくる」影の不思議に子どもは考える。影を作って遊ぶ。手をつないでないのに皆の影がつながる。影作りは「カタチ」の残らない遊び。からだの動きが生み出す黒い輪郭は，動き広がり縮んで消える，遊びの中の非日常のひととき。

　室内で光と影を使った遊びについて考えてみよう。室内で光と影を感じるためには，暗い部屋と光源が必要になってくる。小さなペンライトや懐中電灯は暗い部屋の中で何かにスポットをあてることができる。OHPやスライドの強い光は空間にイメージを与える。青い光は海や空。障子の影は誰だ，影あて遊び。光源を入れたブラックボックス（箱に懐中電灯などを入れて黒い紙で蓋をする）に尖ったもので穴をあけていく。自分だけの小さな宇宙。

４．人工的なものとのかかわり

　私たちの身の回りには，人工的なものは数多くある。それらは，防水性が高かったり，加工しやすかったり，子どもの造形素材に使われることも多い。扱い方には，大人の手助けが必要な場合がある。

（1）家庭の中の人工素材

　プラスチック樹脂でできている人工素材の多くは，食品トレーなど何かを買っ

たときに付随してくるものである。最近ではリサイクルとして回収している地域が増えている。造形素材としては，形状，色，材質ごとに分類することで活動に使える素材として生きてくる。

　樹脂素材の特徴は，水に強く，軽くて堅牢だということである。その利点を活かし，水遊びや砂遊びなど屋外での遊びによく使われる。屋内遊びでも，工作やままごとなどに使われ，材料になり，道具になり，音を生み出す素材になり，活躍する。子どものおもちゃのほとんどが樹脂製であることからわかるように，透明なものから鮮やかなものまで，樹脂の成型段階でどのようにでも作り出すことができるが，一旦成型されたものを子どもがはさみで切ったり，形を変えることは難しい。そのままの形や質感を活かして，貼ったり，つなげたり中に入れたりして使うことが多い。描く場合は油性マジックや水性顔料マーカーを使う。ただし，こすれると落ちていく。

1）透明素材—ペットボトルやプリンカップなどの容器やビニール袋

　向こう側と中身が透けて見える。見えている安心感。中に入っている物がわかる楽しさ。小さな子にとっては，出したり入れたり振り回したりするだけで面白い。入れる物によって，見え方と振ったときの音が変化する。柔らかめの容器は押すとぺこぺこした音がする。ビニールはしゃらしゃら。

　エアークッション（通称ぷちぷち），梱包用発泡チップなど，みかんなどの網袋，これらは工作の素材になる。

2）大きいビニール袋

　中に新聞紙を詰めて何かに見立てたり，首穴をあけて洋服にしたりする。

3）発泡トレイ

　はさみで切ることができる。水に浮く。子どもが自分で切って，テープでつなげて作ることができる。のり用の入れ物やパレットとして使うこともある。

4）発泡スチロール

　大きいのに軽く，暖かい。面白い形から何かに見立てて遊んだり，工作材料にもなる。木工ボンドやガムテープによって接着する。切ることもできるが，専用のカッターでないとぼろぼろとかすが出て，静電気でくっつく。擦ると音

が出る。

5）ビーズやモール

　美しい小物たち。子どもたちは美しいものが大好きであり，美しいと思ったものは自分の大切なものになり，表現の中で重要な小道具として使われる。ときには散らばってしまうこれらの小さな宝石は，できるだけ分類し，まとめておくようにしたい。

6）アルミフォイル

　フォイルはちぎって握って形を作る。平らなときに水性顔料マーカーで色を塗ってもきれい。

（2）金　　属

　金属のバケツを叩くと大きな音がする。蛇口の下に缶を置き，水を裏底にあてると大きく跳ね返し，バラバラとリズミカルな音をたてる。クッキーなどの薄くて丸い缶を転がすと，ころころ行きつ戻りつして，次第にパタンと倒れる。金属が生み出す音，感触，動き，リズムは独特で，予測がつかない面白さがある。金属は固く，形を変えることは難しいが，遊びの中に缶やお玉，金属のバケツなどを，あえて意識して出してみてはどうだろうか。

1）缶　詰　め

　缶詰め積みはバランスの悪さと重さが魅力。倒れると痛い。転がすと重さと動きが独特。中身のない缶詰めは端をビニールテープで巻いて工作に使う。

2）針　　金

　手で曲げて形をかえることができる金属のひも。しかし，針金を思い通りに形作るのは難しく，自由なようでいて，自由にはならない不思議な素材。それでも，針金の動きは面白い。30cmほどの短く切った針金（造花用でも）をいじっていくと，いつのまにか立体になっている。

　針金は粘土造形の土台にもなるが，幼児には難しい。しっかりした針金の端を丸く輪にし立つようにして，粘土で作った玉を刺してみる。粘土の玉が高く立体になっていく。

5．電化製品，電子機器，家具などとのかかわり

（1）電化製品

　現代の私たちの日常には，昔ながらの家具のほか，電化製品，電子機器が加わり，人工的な音や形，光が子どもの生活や遊びに影響を与えている。例えば，遊びの中で「電話をかけにいく」というシチュエーションは減って，スマートフォンを作って持ち歩くようになったし，電子レンジや掃除機もままごとの中によく登場する。

　機器と子どもとのかかわりは急激に変化している。単純な電化製品だったころには，古いラジオなどは，本来の用途とは関係なく「もの」として，バラバラにしてそのまま工作の材料になりえた。しかし，現代の電子機器をバラバラにすることは危険が伴い，電化製品をものの素材として使う場合は，大人があらかじめケースだけにするなど工夫が必要である。

　電化製品，電子機器がどのように子どもとかかわっているかを表8－2にまとめてみた。

（2）大きいもの

　椅子，つくえ，はしご，大型積み木，大型段ボールなど。

　大きいものを置くと空間が変化する。人の動きは空間によって変化する。何に見立てるかも重要だが，置き方による子どもの動きを考える。まっすぐに並べると，通り抜けの場になりやすい。

　閉じた空間にするか，乗り越えてゆくか，入り口と出口を別に作るか。高さを作って，上ったり飛び降りたりする場にするか。

5．電化製品，電子機器，家具などとのかかわり　*171*

表 8 - 2　素材としての電化製品

電化製品	特徴と素材としての可能性
電子レンジ，フードプロセッサー，オーブン	ピッという音によって，出来上がる。オーブン粘土やプラ板の焼成に使う。
炊飯器，ホットプレート，トースター	子どもでもお菓子が作れる。オーブン粘土など加熱によって仕上げる工作に使う。
冷蔵庫	冷やす，氷を作る。作った氷に絵の具を塗る。
洗濯機，掃除機	子どもにとってとても身近な家電である。ごっこ遊びで使われる他，洗濯機は，牛乳パックのラミネートをはがしたり，染色のときに使ったりする。
デジタルカメラ	静止画撮影，動画撮影，画像加工などが本来の用途。子どもにとっては，写真に撮って残すことにはあまり意味をもたない。が，子どもは写真を撮るのが好きである。今，見ているものを明確にすること，場面を切り取るということが魅力なのかもしれない。また，壊さなければいけない積み木や自然での遊びを記録しておくために使う。
通信機器（スマートフォン，電話），ファクス	身近な家族や友達との通信に使う。子どもが遊んでいる様子や作品などを共有する。
テレビ，パソコン，プリンター，スキャナー，ラミネーターなどの電子機器	様々な電子機器が子どもの身の回りにある。テレビやパソコンについては，四角いモニター画面の中で人や絵が動き，子どもへの影響は大きい。プリンターやスキャナーについては，近年，アートの制作過程においても使われるようになってきている。ラミネーターは，落ち葉のしおり作りなどに使われる。

6．素材にかかわるためのもの，道具・工具

（1）描くもの

　絵の具，クレヨン，水性マーカー，水性顔料マーカー，鉛筆，色鉛筆などが幼児の描画材料として一般的である。絵の具は，集団の場合，色数を２，３色にし，たっぷりと出して皆で使うことが多い。水で薄めることによって伸び，広がる。クレヨン（クレパス）は，日本製のものはどれも発色が良く，幼児の場には必ずといっていいほど常備されている。特徴としては，筆圧が色の濃さと直結しているということ。塗りつぶしに適している。反対に細かい線を描くのには向かない。水性マーカーは筆圧の弱い乳児が線を描くときに適しているが，たたきつけるように描くと先がつぶれてしまう。水性顔料マーカー〈ポスカ〉は段ボールにでも描ける。乾きは油性マーカーより遅いが，乾くと耐水性。鉛筆や色鉛筆は紙への抵抗がクレヨンほど強くなくて，線描きしやすい。ドイツ製などで，色が濃く，太く，タッチが柔らかいものがある。

- フィンガーペインティング，フェイスペインティング：サッカーの応援などで顔に描くことにも抵抗感がなくなり，専用のマジックや絵の具なども販売されるようになってきた。フィンガーペインティングは，糊や小麦粉，コーンスターチ，ベーキングパウダーを適量混ぜ，水で溶いて，絵の具や食用色素とまぜて表面が滑らかな紙に描く。
- 版　画：スタンプや手足の型取りも版画の一種。野菜版画（幼児の場合，彫らずに切り口の形だけで表現）は，ぺたりと紙に押してそーっと離すと形がうつっている。何かに見える，何かができる。めくったときの感動が版画の醍醐味。ボール紙にローラーで色を乗せてバレンを使って刷り取るだけでも面白い。

〈筆について〉

　平筆は広い面を塗るときによい。丸筆は絵の具の含みがよく，線描きによい。太めのものを用意しよう。その他，綿棒で点描したり，手作りの筆で描くのも

面白い。

- 手作り筆のいろいろ：木の枝，ほうきの壊れた物，ひもや毛糸を束ねる。思いついたものを束ねて，持ち手を作る。多くの場合，絵の具がたっぷりないと線がのびない。筆によって線が変わる。

（2）くっつけるもの

素材と素材を付ける材料には表 8 - 3 のようなものがある。

表 8 - 3　くっつけるもの

のり	紙と紙を貼り合わせる。
ボンド	紙や木を付ける。
セロテープ	工作に活躍。接着面が変な形でもなんとか付く。
布ガムテープ	耐水。子どもが切るのはむずかしい。
ビニールテープ	いろいろな色がある。切りにくい。
ホチキス	紙を束ねる，本作りに威力。

（3）道具と工具

道具を使うことはそれだけで心躍る本物の仕事である。様々な道具とのかかわりがあり，道具を使うことそのものが，道具と素材とからだとのかかわりを探究することである。道具を使うことはからだを使うことである。からだをいかに使うかを道具によって学び，素材を使ってできることも変化する。

1）切　　る

のこぎりで切るのは，切ることだけで精いっぱいの力仕事。細すぎない角材が切りやすい。万力で挟んで両手で鋸をひこう。ベニヤは難しい。

はさみで切るのは，最初は折り紙や画用紙がやりやすい。線の上や形を切るのも難しい。最初は切り込みを入れただけでも上出来。まっすぐに切れるように紙を持ってあげて，はさみを持っている側（右利きならはさみの右側）の紙

の切れ端は下にたらしていくと，紙が邪魔にならずに手が前に出る。

2）木槌，金槌でたたく

釘を打つ，目打ちやポンスで穴をあけるときに使う。

太い釘を大人に押さえてもらって小槌でたたく。目打ちやポンスでたたいて（ゴムや厚紙を台紙にして）紙に穴をあける。何もなくたたいているとうるさいと言われてしまうけれど，数少ない日常で許されているたたく行為。釘も穴あけも容易ではない。その音とからだに跳ね返る抵抗感に，何か大きなことを成し遂げた満足感があるのではないだろうか。

3）お玉・スコップ・シャベルですくう

水・色水・砂をお玉ですくって器に移す。穴杓子で水の中から必要な物だけすくい取る。子どもの目線で見てみると，お玉使いも案外難しい。たっぷりすくう，少しすくう，量を考える，こぼさないように。シャベルやスコップでダイナミックな土掘り。全身を使った大仕事は園芸の醍醐味。

4）泡立て器で混ぜる

せっけんの泡作りは無条件に楽しい。たくさんたくさん泡立てて，細かいきれいな泡を作る。

5）穴あけパンチ

穴あけパンチは，本来は束ねるためのもの。でも，紙に穴をあけるのは楽しい。それだけで模様のようになる。リボンやひもを通しても。

6）そ の 他

粘土を針金で切る。糸でゆで卵を切る。クッキーの型抜き。セロテープカッター，ハンドシュレッダー，下ろし金，ふるい，秤，へら，まだまだたくさんの道具がある。

■参考文献

富山県東砺波郡井波町監修・井波町保育士会編著・竹井史編著：不定形木片で遊ぼう，
　2002
ふれあいしぜん図鑑夏：学習研究社，1994

さくいん

＊イタリック体は，次頁以降数頁にわたり同一語が出現することを示す

あ

遊び	5,18
遊びの総合性	13
温かいまなざし	38

い・う・え

イメージの共有	43,147
意欲の受容	41
歌	110
描くもの	172

お

音楽的表現	107,146
音楽的表現の動機形成	121
音楽の音	108

か

替え歌	111
課題活動の考え方	89
紙	86,*155*
環境	7,*34*,81

き

技術・技能	82
基本的信頼	55,77
共感	41
共同想起	125,*129*
協同的な遊び	137
金属（素材）	169

く

くっつけるもの	173

こ

工具	173
交流活動（小学校）	142
子ども文化	*122*
コミュニケーションダンス	116
5領域	8

し

自然物（素材）	165
詩的表現	4
自分で	*65*
集合的記憶	125,128
自由な発想	49
象徴機能	18
自立	77
人工素材	167
身体的想起	114,129
身体的な記憶	112
身体（的）表現	2,38,146
人的ネットワークづくり	143

せ

製作コーナー	*82*

そ

想起の現在性	130

さくいん　177

造形活動 ……………………………*81*
総合的な表現活動 ……………132,151
創造的想像 …………………………20
素材 …………………73,82,*85,154*

た-と

体験の共有 …………………………43
台所の素材 …………………………165
電化製品（素材）…………………170
道具 …………………………………173
同調 …………………………*115*,129

な-の

内的イメージ ………………………18
内面の表出（表れ）……………37,67
乳幼児期の表現 ……………………54
布 ……………………………………161
粘土 …………………………………163
能動-受動の反転・交換 …………*118*

は

排泄の自立 …………………………73
育みたい資質・能力 ………………9

ひ

ひも …………………………………162
描画表現 ……………………………3
表現と技能 …………………………26
表現と表出 …………………………16
表現と見立て ………………………18
表現と模倣 …………………………17
表現に意味を与える ………………46
表現の育ち ……………………21,32
表現のプロセス ……………………*26*
表現を共有する ……………………44

表現を媒介する ……………………45
表出 …………………………………16

へ・ほ

壁面の考え方 ………………………102
保育者の表現力 ……………………50
保育所保育指針 ……………………8,12
保育の構造 …………………………31

ま-も

見立て ………………………………18
未分化で曖昧な表現 ………………46
みんなに経験させたい造形活動 ……*90*
模倣 …………………………17,134

や-よ

やりとり ……………………*59*,70
豊かな感性 …………………………49
幼児期の終わりまでに育ってほしい姿
………………………………………9
幼児教育のあり方 …………………9
幼稚園教育要領 ………………8,*132*
幼保連携型認定こども園教育・保育要領
………………………………………13

り

領域「表現」……………8,*10*,24,132

執筆者・執筆担当

〔編著者〕

入江　礼子 （いりえ　れいこ）	共立女子大学家政学部教授	序章，第1章
榎沢　良彦 （えのさわ　よしひこ）	東京家政大学家政学部教授	第3章

〔著　者〕(50音順)

岩田　遵子 （いわた　じゅんこ）	東京都市大学人間科学部教授	第6章
上坂元絵里 （かみさかもとえり）	お茶の水女子大学附属幼稚園副園長	第7章
古賀　松香 （こが　まつか）	京都教育大学教育学部准教授	第4章
白井　多実 （しらい　たみ）	愛育養護学校アートティーチャー	第8章
嶺村　法子 （みねむら　のりこ）	中央区立明石幼稚園園長	第5章
安村　清美 （やすむら　きよみ）	田園調布学園大学大学院人間学研究科教授	第2章

シードブック
保育内容表現 ［第3版］

2007年（平成19年） 3 月30日　初 版 発 行
2011年（平成23年） 12月15日　第 2 版発行〜第 2 刷
2018年（平成30年） 7 月 5 日　第 3 版発行

編 著 者　　入 江 礼 子
　　　　　　榎 沢 良 彦

発 行 者　　筑 紫 和 男

発 行 所　　株式会社 建 帛 社
　　　　　　KENPAKUSHA

〒112-0011　東京都文京区千石 4 丁目 2 番15号
　　　　　　TEL　（0 3）3 9 4 4 - 2 6 1 1
　　　　　　FAX　（0 3）3 9 4 6 - 4 3 7 7
　　　　　　http://www.kenpakusha.co.jp/

ISBN 978-4-7679-5083-9　C3037　　　　　　亜細亜印刷／ブロケード
© 入江礼子，榎沢良彦ほか，2007, 2011, 2018.　　　Printed in Japan
（定価はカバーに表示してあります）

本書の複製権・翻訳権・上映権・公衆送信権等は株式会社建帛社が保有します。
JCOPY 〈出版者著作権管理機構　委託出版物〉
本書の無断複製は著作権法上での例外を除き禁じられています。複製される
場合は，そのつど事前に，出版者著作権管理機構（TEL03-3513-6969，
FAX03-3513-6979, e-mail : info@jcopy.or.jp）の許諾を得て下さい。